青春文庫

# そわそわしない練習

植西 聰

青春出版社

# はじめに

「なんだか**そわそわして、落ち着かない**」

「あれもやらなきゃ、これもやらなきゃと思うと**焦ってしまって集中しにくい**」

「忙しくてもイライラせず、〝**いい人**〟**でいなきゃいけない**……気が休まる時がない」

という声をよく聞きます。


何か重大な心配事があるとか、トラブルに見舞われたというのではなくても、なぜか「**そわそわ**してきて落ち着かず、浮足立っているような感じがする」と言うのです。

しかし、「理由がない」とは言っても、よく探ってみれば、それなりの理由もあるのでしょう。

たとえば、精神的な緊張状態が長く続いている、といった理由です。

本人は気づいていない場合が多いのですが、長く続くと、ストレスが少しずつたまっていって、心の健康的なバランスが崩れてしまいます。

そのために「そわそわする」といった症状が出てくるのです。


それでなくても現代は、慌ただしく物事が動いていく時代です。「時代の流れに遅れたくない」と、必死で追いすがっていく人もいます。

また、激しい競争社会でもあります。生き残っていくために、懸命に頑張っている人もいます。


私たちは「いつも緊張状態」と言ってもいいのです。

ただ、**いつもであるために慣れてしまって、少し鈍感になっているという面もあります。**

そのために「緊張からストレスがたまっている」ということに気づかないでいるケースもあるのです。

**「そわそわする」のは、「実はストレスが相当たまっている自分自身の今の姿」に気づく、いい機会になるのです。**

もし「最近、なんかそわそわすることが多いな」と思ったら、これまでのライフスタイルを少し見直してもいいのではないでしょうか。

もう少し気持ちに余裕を持って、楽に暮らしていくように心がけるのです。

張りつめて、今にもはち切れそうになっている心を少しゆるめて、安らかな気持ちで暮らしていくようにするのです。

そうすれば、そわそわ感も消えていくと思います。

そして、より幸せな気持ちで生きていけると思います。

そわそわしない練習　目次


はじめに　003

第1章　「なんか、そわそわしてる」と思ったら

ず〜っと緊張が続いているから？　016
「リラックスのため」が、かえって忙しくしている　018
「ほどよい緊張感」は一人ひとり違う　020
一日のピークをどこに持ってくるか　022
満員電車や渋滞も原因に　024
「落ち着いて」と自分自身に問いかける　026
深呼吸は心身に効く　028

呼吸を整えると心も整う 030
「静かに過ごす夜」を作る 032
音楽の〝リラックス効果〟を利用する 034
瞑想はカフェでも公園のベンチでもできる 036
「気持ちを落ち着ける方法」をたくさん持っておく 038

## 第2章 敏感な人が「そわそわ」をやわらげる方法

「敏感すぎる人」は人間関係で疲れることが多い 042
「一人の時間」を大切にする 044
「好かれている」ことに気づく 046
感受性豊かな人は「感動」上手 048
自分の性格の「ポジティブな面」を生かす 050
「表現する」と自信が生まれる 052

直感に素直に従うほうがうまくいく 054
自分の「良いところ」を見つける 056
「わかってくれる人がいる」ことに誇りを持つ 058
高い共感力が良い人間関係を作る 060
他人のそわそわ感から影響を受けない 062
「ちょうどいい距離感」を見つける 064

## 第3章 そわそわが「ワクワク」に変わる魔法

〝そわそわ〟のままだと良くない方向に 068
プラス思考になると気持ちも変わる 070
楽しい夢を持つだけでいい 072
「後の楽しみ」が多い人ほど前向きになれる 074
「今」に集中するヒント 076

うまくいく・いかないを分けるもの 078
ワクワクしてチャレンジしてこそ活躍できる 080
「イメージング」で気持ちが落ち着く 082
「良いイメージ」を定着させるコツ 084
「情報収集」プラス「良いイメージ」 086
知識だけではうまくいかない 088

## 第4章 不安や心配が吹き飛ぶヒント

成功体験を思い出して自信を得る 092
堂々としているだけで自信が生まれる 094
気持ちが落ち着いていないと努力は続かない 096
「心配事のほとんどは起こらない」と知っておく 098
あれこれ心配するのは妄想 100

「無駄な時間」を減らすと人生が充実する　102
「本当はどうなのか」を見極める　104
世間に振り回されないヒント　106
健康に注意しながら「楽観的」でいる　108
流行を気にするより、自分らしい生き方を　110
良い意味で開き直る　112
「出世間《しゅっせけん》」を実践してみる　114

## 第5章　「どう思われるか気になる」から解放されるコツ

「人の目が気になる」はストレスになる　118
「一心専念《いっしんせんねん》」で、そわそわ感が消えていく　120
バラのように美しく生きられる　122
気にするほど人は「私」を見ていない　124

大きな目標を持って生きる 126
「自分の長所」を書き出す 128
「どう見られるか」より「どんな人間でありたいか」 130
噂話《うわさ》を気にしても人生は良くならない 132
噂は長続きしない 134
批判を気にせず、信じることを話す 136
あれこれ言われてもそわそわしないコツ 138
批判よりも創造を 140

第6章 もし焦っても、こう考えれば大丈夫

焦らずおおらかな気持ちでいる 144
自然の流れに任せるとうまくいく 146

今日という日を全力で生きる 148
「牛のように図々しく進んで行く」 150
自分の実力をしっかり見極める 152
理想を抱きながら「地に足をつけた生き方」をする 154
自分の実力を信じる力を持つ 156
焦らず続けるうちにギャップが小さくなる 158
花のように無心になる 160
「フロー」を上手に作り出す 162
仕事を始める前に「リラックス時間」を取る 164

## 第7章 「人と比べる」がなくなる心の持ち方

「今の幸せを実感できない」理由 168
他人を羨《うらや》むと「醜《みにく》い姿」になっていく 170

人を気にするよりも「自分のこと」を考える 172
嫉妬《しっと》とは「自分自身を苦しめること」である 174
劣等感を前向きな気持ちに変えていく 176
羨むより「今の幸せ」を探す 178
嫉妬がもたらす「痛い思い」とは 180
「誇れるもの」がある人は、そわそわしない 182
いつも落ち着いている人の共通点 184
羨ましい相手に感謝する効果 186
「ありがとう」で妬《ねた》みが消える 188

## 第8章 忙しくても落ち着いていられる習慣

慌《あわ》ただしい時代だからこそ心に余裕を持つ 192
「自分の限界」を知っておく 194

「できること」と「できないこと」の境界線を引いておく　196
余裕を持てる段取りを考える　198
自分にプレッシャーをかけすぎないコツ　200
意気込むより自然体のほうが良い結果が出る　202
他人のことまで「自分の責任」ととらえない　204
新しい環境でこそ「焦らずゆっくり」が強い　206
生活習慣を無理に相手に合わせなくていい　208
「今やるべきこと」だけに集中してやり遂《と》げる　210
「一つひとつのことに集中する」禅の教え　212

おわりに　214

# 第1章

# 「なんか、そわそわしてる」と思ったら

## ず〜っと緊張が続いているから？

これといった理由もないのに、そわそわして落ち着かない、という人がいます。

大きな悩み事があったり、トラブルに見舞われたわけではありません。

それなのにそわそわしてしょうがないのです。

具体的に予想できるようなことはまったくないのですが、「この先、何か重大なことが起こるのではないか」という気持ちもしてきます。

では、なぜ、このように「理由もないのにそわそわする」のでしょうか？

理由の一つとして、「長期間にわたって、心理的な緊張感が続いている」ということが考えられます。

たとえば、会社で非常に忙しい仕事を任されて、毎日締め切りに追われながら働いている場合です。

自然に緊張感が高まります。

それほど自覚していないかもしれません。

しかし、それが何日も、何カ月も長期間にわたってくると、精神的なバランスが崩れてきて、「そわそわして落ち着かない」といった症状が出てきます。

言い換えれば、「そわそわする」というのは、「少しゆっくり休んだほうがいい」という、心が放つメッセージでもあるのです。

休みの日には、緊張感をゆるめるためにも、ゆったりと心身を休めるのがいいでしょう。

リラックスするために、自然豊かな場所へ行ってみるのもいいと思います。

そのような習慣を持つことで、そわそわがなくなっていくと思います。

## 「リラックスのため」が、かえって忙しくしている

現代の人たちの多くは、非常に忙しい日々を過ごしていると思います。

仕事が忙しいというのは、もちろんです。

しかし、仕事だけではないのです。

プライベートでも、とても忙しいのです。

たとえば、スマートフォンに、友人からひっきりなしにメッセージが入ります。

すぐに返信しなければという気持ちになります。

SNSでツイッターやインスタグラムをしている人であれば、毎日のように更新しなきゃ、と思っている人も多いでしょう。

ネタを集めたり、投稿する写真や動画を撮って来なければなりません。

SNSは「楽しみ」や「リラックス」のためにやる人も多いと思いますが、実際

には、それもまた日常生活を非常に多忙なものにしてしまいます。

仕事でもプライベートでも忙しく、一日中、緊張を強いられている人も多いのです。

これが「たまに」であれば、まだいいのです。

しかし、毎日のように仕事でもプライベートでも忙しいという状況が続けば、緊張をゆるめて、ゆったりする時間がなくなります。その結果、心のバランスを崩して、「気持ちがそわそわして落ち着かない」という症状が出てきます。

そんなそわそわする気持ちを落ち着けるためには、たとえば、

「寝る二時間前になったら、スマートフォンは見ない」

「SNSの更新は週に一回までにする」

といったルールを自分なりに作っておくのが良いと思います。

そういうルールを作ることによって、時間にゆとりが生まれます。

そのゆとり時間を使って、音楽を聴いたり、本を読んだりして、緊張感をゆるめるといいと思います。

## 「ほどよい緊張感」は一人ひとり違う

「緊張する」ということは、それ自体は悪いことではありません。

ただし、それは「適度な緊張感」である場合です。

適度な緊張感であれば、集中力が増し、物事を進める効率も良くなります。

しかし、その緊張感が適度な状況を超えて高まりすぎてしまうと、かえって集中力がなくなってしまいます。

効率も悪くなります。

心理学には、「ヤーキーズ・ドットソンの法則」という言葉があります。

これは「緊張感」と「集中力と効率性」にはどのような関係があるかを、グラフによって示した法則です。

緊張感が高まるにつれて、集中力と効率性も高まっていきます。

しかし、ある地点でピークを迎えると、それからは緊張感が高まるにつれて、かえって集中力と効率性が下がるのです。

つまり、過度の緊張感から「気持ちがそわそわして落ち着かなくなり、物事に集中できない」という状態になっていくのです。

このように「緊張感」と「集中力と効率性」には、法則性があるのです。

それが、「ヤーキーズ・ドットソンの法則」と呼ばれるものです。

では、人にとって「緊張感」と「集中力と効率性」とが、もっとも良いバランスになるのは、どの地点なのでしょうか？

それは、人それぞれによって異なってきます。

従って、自分の経験の中から、「自分にとっての適切な緊張感は、このくらいだ」という地点を見つけ出すほうがいいと思います。

そして、日常生活の中で、その「ちょうどいいバランス」を超えないように注意しておくことが大切です。

## 一日のピークをどこに持ってくるか

「緊張感」と「集中力と効率性」の関係には、ある法則性があります。

この法則性は、「一日の生活」の中においても現れます。

人は朝、起床してから、だんだんと緊張感が高まっていきます。

会社員であれば、出勤し、仕事を始めると、だんだんと緊張感が高まっていきます。

しかし、ピークに達してからは、緊張感を高めようと思うと、かえって集中力と効率性が下がっていくという現象が現れます。

そのピークは、だいたいお昼頃、十二時頃だと言われています。

つまり、お昼ご飯を食べ終わってから午後の時間帯、そして夕方から夜の時間にかけて、集中力と効率性は低下していきます。

言い換えると、午後の時間帯に、強い緊張感を強いられるようなことをすれば、気持ちばかりが空回りして、一層集中力と効率性が低下してしまう、ということにもなりかねません。

たとえば、締め切りに間に合わずに残業するとします。

「早く仕事を終わらせたい」と、みずから緊張感を高めます。

そうすると、「同僚たちは今頃、家でのんびりしているんだろうなぁ」などと思えて、そわそわしてきて、集中力と効率性が低下してしまうのです。

従って、このようなケースでは、無理をして残業するのではなく、次の日、少し早く出社して残った仕事を片づけるほうが集中でき、効率的に早く仕事を終わらせられる場合も多いと思います。

いずれにしても、一日のリズムに合わせて、午前中に緊張感を高め、午後は無理に緊張感を高めないよう工夫するほうがいいでしょう。

## 満員電車や渋滞も原因に

一般的に、都会で暮らす人たちは「強い緊張感」を継続的に強いられる場合が多いようです。

たとえば、毎日乗る満員電車や交通渋滞なども緊張感を高める原因の一つになります。

また、ニュースなどで、特殊詐欺などの報道を見ると、「被害にあったら、どうしよう」といった緊張感が高まります。

それに加えて、忙しい仕事や、複雑な人間関係の中で気を遣うことが多いのも事実です。

このように、日々、継続的に強い緊張感を強いられている場合が多いのです。

そして、緊張感のある日々を長く過ごしているうちに、「なんだかそわそわする」

と感じるようになります。

しかし、残念ながら、「自分が日々、強い緊張感にさらされている」ということに無自覚な人もいます。

心理学には、「無感情症《むかんじょうしょう》」という言葉があります。「緊張している。緊張感がゆるむ時がない」とか、「心の健康的なバランスが崩れている」「ストレスがたまっている」という状況がありながら、本人がそれに気づくことができないことを「無感情症」と言います。

特に、多忙な人は、やるべきことに追いまくられて、継続的な強い緊張感のために、自分の心の健康的なバランスが崩れていることに気づかないことがあります。

そういう意味では、自分の心の状態を自分自身でチェックするのを習慣づけることが大切です。

そして、緊張感が高まりすぎていると気づいたら、その緊張をやわらげることをするほうがいいでしょう。

# 「落ち着いて」と自分自身に問いかける

日々の緊張感をやわらげる方法の一つとして、「セルフ・トーキング」があります。

「自分で自分にする言葉がけ」のことです。

たとえば、日々の生活の中で、

「落ち着こう」

「のんびりやっていこう」

「大らかな気持ちでいよう」

といった言葉を自分自身にかけるようにするのです。

そうすることで、気持ちが落ち着いていきます。

そわそわ感も解消されていくのです。

実際には、

「急がなきゃ」

「あれもやらなきゃ」

「このままじゃ、マズい」

といった言葉を自分自身にかけている人も多いのではないでしょうか。

このような言葉は、緊張感を高めてしまうことがありますので、注意する必要があります。

ですから、「落ち着いて」など、気持ちが自然に安らいでいくような言葉を自分なりに作って、日常的に自分に言い聞かせることを習慣にするほうがいいと思います。

もし周りに人がいなければ、声に出して自分に言い聞かせてもいいでしょう。

また、周りに人がいる時には、心の中で「のんびりいこう」と自分に言葉がけしても効果があります。

「言葉の力」で、心のそわそわが消えていくこともあるのです。

## 深呼吸は心身に効く

人間の自律神経には、交感神経と副交感神経があります。

緊張感が高まると、交感神経の働きが活発になると言われています。

交感神経には、体内の活動を活発化させる機能があります。

交感神経の働きが活発になると、血圧が上がり、心臓の拍動も速まります。

また、精神的にも、そわそわ感が高まっていきます。

一方で、副交感神経には、体内の活動を穏やかにし、精神を休める働きがあります。

ですから、副交感神経の働きが活発化すると、心身共にリラックスします。

そういう意味で言えば、「そわそわする。気持ちが落ち着かない」という状態を解消する方法として、「日頃の生活の中で、副交感神経の働きを活発化させる」ということが挙げられます。

たとえば、「深呼吸」です。

深呼吸をするだけで、副交感神経の働きが活発化すると言われています。

その結果、気持ちが落ち着き、そわそわ感も解消されていくのです。

深呼吸は、もっとも手軽に、いつでもどこでもできる方法の一つです。

朝、昼休み、夕方など、日々の生活の中で機会を見つけて数回行うよう心がけるといいでしょう。

そうすることで、日々、落ち着いた気持ちで暮らしていけるようになると思います。

深呼吸は、免疫力を高め、健康にも良い影響をもたらすと言われています。

血流が良くなり、酸素が体の隅々まで行き渡るため、健康増進に効果があるのです。

深呼吸は「心」にも「体」にも良いと言えます。

## 呼吸を整えると心も整う

禅の教えの一つに、「呼吸を整える」というものがあります。

緊張感が必要以上に高まったり、落ち着かなくなったり、なんとなくそわそわするという時というのは、呼吸が乱れている場合が多いのです。

つまり、呼吸が速くなったり、不規則になったりしています。

そのような場合は、乱れた呼吸を整える必要があります。

呼吸を整えることで、気持ちが落ち着いてきます。

そわそわした感じも消えていくのです。

具体的には「ゆっくり息を吸い、ゆっくり息を吐く」ことを心がける、ということです。

たとえば、仕事をしている時でも、家事をしながらでも、あるいは電車に乗っている時でも、道を歩きながらでも、「ゆっくり息を吸い、ゆっくり吐く」ように心がけます。

そのような習慣を持つことで、落ち着いた安らかな気持ちで生活していけるようになります。

禅には「心と体とは互いに影響しあっている」という考え方があります。

すなわち、心が乱れると、呼吸も乱れていきます。

一方で、呼吸を整えることで心も整えられていく、ということもあり得るのです。

従って禅では、人間がいつも行っている呼吸に注目し、「呼吸を整える」ということを重要視するのです。

普段、無意識のうちにしている呼吸ですが、ときどき「呼吸を整える」ということを意識すると良いでしょう。

## 「静かに過ごす夜」を作る

人は様々な「騒音」に囲まれながら暮らしています。

車のエンジン音、クラクションの音、あるいは、救急車や消防車のサイレン音もあります。

旅客機やヘリコプターの音もあります。

工事現場から聞こえてくる騒音もあります。

また、多くの人たちの話し声も、自分に関係ないものであれば、それを騒音と感じてしまう場合もあるでしょう。

隣の家から聞こえてくる騒音もあります。


普段あまり意識していないかもしれませんが、このような数々の騒音も、知らず知らずのうちに人の「緊張感」を高める原因の一つになります。

そして、そんな緊張感が長い期間続けば、「これといった理由もないのに気持ちがそわそわしてくる」という現象も出てきます。


このような騒音に囲まれた環境で暮らしている人にとって大切なのは、「静かな時間を大切にする習慣を持つ」ということだと思います。

たとえば、静かな夜の時間帯を利用して、時にはテレビを消し、スマートフォンの電源も切って、「音の聞こえない世界」を楽しむ、という日を作ってもいいと思います。


そして、そんな静かな環境の中で、夜空を見上げてみます。

あるいは、静かに読書に耽《ふけ》ってもいいでしょう。

そのように「静かに過ごす夜」を作ることで、余計な緊張感がほぐれていくのです。

そうすれば、そわそわ感も解消していきます。

## 音楽の〝リラックス効果〟を利用する

「音楽」は、色々な意味で人の精神面に影響を与えることが知られています。
たとえば、次のような効果です。

- 集中力を高める。
- やる気を高める。
- 楽しい気持ちにする。
- 闘争心が高まる。
- 気持ちが落ち着く。

といったことです。

「毎日、そわそわしてしょうがない」という自覚がある人は、音楽がもたらす、この心理効果を利用してもいいのではないかと思います。

たとえば、心身がリラックスできるようなクラシック音楽や、ゆったりとした気持ちになれる自然音などがいいでしょう。

聴いているうちに、自然に気持ちが落ち着いてきます。

闘争心を高めるような激しい音楽は、かえって逆効果になりかねないので、注意が必要です。

あくまでも、リラックスできる音楽がいいと思います。

そのような音楽を、電車に乗っている時や、騒々しい場所にいる時、「騒音を防いで、リラックスする」という意味で、イヤホンを使って聞くのです。

そうすることで、余計な緊張感が高まるのを防げます。

また、そわそわ感が高まるのも防げるのです。

# 瞑想はカフェでも公園のベンチでもできる

気持ちを落ち着け、心を安らげる方法の一つに、「瞑想《めいそう》」があります。

瞑想を習慣にすることで、そわそわ感も緩和されていくと思います。

瞑想というと難しいことのように思われるかもしれませんが、それほど難しいことではありません。

大切なのは、次の三つです。

- 呼吸を整える。
- 雑念を捨てる。
- 目をつぶるか、半眼《はんがん》にする。

お昼休みなど、ちょっと時間が空いた時に椅子に座りながら、ゆっくり息を吸い、ゆっくり長く息を吐くように意識して呼吸を整え、無用なことを考えずに雑念を捨てていきます。

目は閉じてもいいし、半分ほど瞼《まぶた》を閉じた半眼にしてもいいでしょう。

これを繰り返せば、立派な瞑想なのです。

静かな環境で瞑想をするのが理想的です。

しかし、この「呼吸を整える」と「雑念を捨てる」と「目を閉じるか、半眼にする」を心がければ、カフェでも公園のベンチでも、電車に乗っている時でも、瞑想はできます。

日常生活の中で、ちょっとした空き時間を見つけて、このように瞑想する習慣を身につけることで、日々、落ち着いた気持ちで暮らしていけます。

そうなれば、自然と緊張がやわらぎ、そわそわ感もなくなっていくと思います。

## 「気持ちを落ち着ける方法」をたくさん持っておく

「気持ちを落ち着ける方法」には、たくさんのものがあります。

たとえば、

- 本を読む。
- 雑誌を眺める。
- ペットと遊ぶ。
- 水槽の金魚を眺める。
- 散歩する。
- 日記を書く。

などです。

ですから、「そわそわしてきて落ち着かない」という時には、自分なりに何か「気持ちを落ち着ける方法」を作って、それを試してみるのがいいでしょう。

もちろん、一つでなくてもかまいません。

むしろ、複数の方法を持っておくほうがいいと思います。

そして、その場、その時に合わせて、それを実践してみるのです。

たとえば、朝起きて、どうもそわそわして落ち着かないという時には、会社などへ出かける前の一時、ペットと遊んでもいいでしょう。

夜、気持ちがそわそわして眠れないという時には、日記を書いたり読書をしてもいいでしょう。

その場、その時に合わせて、気持ちが落ち着く方法を実践していくのです。

そういう意味では、気分転換の方法をたくさん持っている人のほうが、平穏な気持ちで暮らしていけると思います。

# 第2章

# 敏感な人が「そわそわ」をやわらげる方法

## 「敏感すぎる人」は人間関係で疲れることが多い

心理学に、「HSP（ハイ・センシティブ・パーソン）」という言葉があります。

これは、アメリカの心理カウンセラーであるエレイン・アーロンが考えた言葉で、日本語では、「敏感すぎる人」「繊細《せんさい》すぎる人」などと訳されています。

この「敏感」「繊細」なタイプは、普段の人間関係や、ちょっとした出来事、また、騒音やライトの光といったものに過敏に反応してしまいがちです。

ただし、パニック障害といった病気ではなく、ある特定の心理的な特性だと考えられています。

また、この「ちょっとしたことに過敏に反応してしまう」という人は決して少なくはない、ということも知られています。

たとえば、このタイプの人は、身近な人が何の気なしに発した一言にも非常に強く反応してしまうことがあります。

たとえば、一緒にいた友人が、ふと「なんか、つまんないなあ。面白いことないかなぁ」という一言を発したとします。

決して、こちらに対して不平を言ったわけではないのです。

それにもかかわらず、この敏感すぎるタイプの人は、「私と一緒にいてもつまらないって言ってるんだ。私と話をしていても面白くないんだ」と、ネガティブに受け取ってしまいがちです。

そのために、このタイプの人は、人と一緒にいるとそわそわしてきて落ち着かず、人間関係でグッタリと疲れ切ってしまうのです。

従って、このタイプの人は、人間関係で疲れ切ってしまった時は、まずはゆっくりと休養を取ることが大切です。

そうしないと、疲労感だけが一方的に増していくことになります。

## 「一人の時間」を大切にする

「進化論」の提唱者として有名なイギリスの自然科学者に、チャールズ・ダーウィン（19世紀）がいます。

このダーウィンも「敏感すぎる」という性格の持ち主だったようです。

彼は人間関係が苦手で、会合やパーティなどに出席すると、周りの人たちに気を遣いすぎてドッと疲れてしまうのです。

また、家族ならともかく、あまりよく知らない人と一緒にいると、そわそわして落ち着きません。

このそわそわ感も、人間関係で疲れる原因の一つになっていました。

そんなダーウィンが大切にしたのは「一人の時間」だったのです。

自宅にこもって一人きりになり、趣味を楽しんだり、本を読んだり、ゆったりとリラックスする時間を作っていました。

一人の時間は、彼にとって、人間関係でたまった疲労感を癒す時間だったのです。

また、精神の健康を保持していくための、とても貴重な時間でした。

そういう意味で言えば、

「人と一緒にいるだけでそわそわして、気持ちが落ち着かなくなることがある」

「人づきあいで気を遣いすぎて、精神的に疲れやすい」

そのような自覚があるタイプの人は、ダーウィンのように「一人になる時間」を大切にすればいいと思います。

一人の時間を作って、趣味を楽しんだり、本を読んだり、教養を高めるための勉強をしたりするのです。

そんな一人の時間が、心の癒しになることでしょう。

また、人と一緒にいる時に感じるそわそわとした落ち着かない気分も、やわらいでいくのではないでしょうか。

## 「好かれている」ことに気づく

敏感すぎる性格の持ち主には、人間関係に苦手意識を持つ人が多くいます。

そのために、誰かと一緒にいるだけでそわそわしてきて落ち着かなくなる、ということがよくあります。

なぜでしょうか。

その理由の一つは、このタイプの人たちには、人間関係についてネガティブな先入観があるからだと思います。

相手のちょっとした言動に敏感に反応して、

「私は嫌われている」

「私はジャマ者扱いされている」

「私は面白みのない人間だと思われている」

といったように、ネガティブなことを考えてしまいがちなのです。

その結果、誰かと一緒にいる時には、相手が何を言うか、どんなふうに自分を見ているかが気にかかって落ち着かなくなります。

しかし、敏感すぎるタイプの人は、本人が考えているように「嫌われている」のかと言えば、決してそのようなことはありません。

このタイプの人は、相手の言動に敏感な分、周りにいる人たちにとても細やかに気を遣います。

ですから、人から好かれます。

周りの人たちから、好かれている場合が多いのです。

「実は好かれている。評判がいい。歓迎されている」という事実に気づくことも、「人と一緒にいるとそわそわする」ということをやわらげるキッカケになるのではないでしょうか。

それに気づくことで、多少敏感であっても自分に自信を持って生きていけます。

## 感受性豊かな人は「感動」上手

「敏感すぎる」というタイプの人には、実は、いい面がたくさんあります。

自分の「いい面」に気づくことが、このタイプの人にはよくある「誰かと一緒にいるとそわそわしてきて、落ち着かなくなる」という心境をやわらげるための方策の一つになると思います。


では、「敏感すぎる人」には、どのようないい面があるのかと言えば、その一つには「幸せ探しが上手である」という点があります。

「敏感すぎる」という性格は、言い換えれば、それだけ「感受性が豊かである」ということでもあるのです。

日常生活の中にあるちょっとした事象の変化などに敏感に気づくことに長けてい

るので、そこに「小さな感動」を見つ出すことができます。

たとえば、公園の花壇に美しい花が咲いていたとします。

一般の人は、見過ごして行ってしまうかもしれません。

一方で、このタイプの人は、そこに美しい花が咲いていることに敏感に気づきます。

そして、心から「きれいだなぁ」と感動することができます。

「感動する」ということは、このタイプの人にとって、とても重要な心の癒しにもつながります。

感動は、日頃の人間関係でついそわそわしてしまい、そのためにたまった精神的な疲労感を癒すことに役立っているのです。

また、その癒しが、そわそわ感をやわらげ、自然体で人とつきあっていけるようにもしてくれます。

「敏感すぎる」というタイプの人は、自分自身の性格にある「感受性が豊かである」という長所を大切にしていくと良いのです。

## 自分の性格の「ポジティブな面」を生かす

オーストリアの精神科医で心理学者だった人物に、アルフレッド・アドラー（1870〜20世紀）がいます。

アドラーは、次のように述べました。

「『性格が暗い』のではなく、『性格がやさしい』のである。『性格的にグズグズしている』のではなく、『物事をていねいに進める性格だ』と考えることが大切だ（意訳）」

このアドラーの言葉は、「性格は、見方によって欠点にもなれば長所にもなる」ということを意味しています。

つまり、「自分の性格のポジティブな面に注目し、それを生かしていくことが大切だ」ということなのです。

たとえば、「敏感すぎる性格」についても同じです。

性格のネガティブな面、つまり「人間関係が苦手だ」とか、「人と一緒にいるだけでそわそわしてしまう」という面にばかり意識を奪われなくてもいいのです。

そういうネガティブな面ばかりに注目していると、疲労感がたまっていき、生きていくのが辛くなっていきます。

ですから、「敏感すぎる性格」のポジティブな面に注目するよう心がけるほうが賢明です。

たとえば、「気配りが上手で、周りの人たちから好感をもって迎えられている」「感受性が豊かで、小さな感動から幸せを実感することができる」といったことは、「敏感すぎる性格」のポジティブな面と言えます。

そんなポジティブな面に意識を向けることで「人間関係でそわそわしやすい」といったことも、それほど苦痛ではなくなると思います。

## 「表現する」と自信が生まれる

「敏感すぎる性格」にも、たくさんのポジティブな面があります。

たとえば、「感性が豊かで、表現力に富んでいる」というのも、このタイプの人によく見られるポジティブな面の一つだと思います。

実際に芸能人やミュージシャン、芸術家などには、このタイプの人が多いと言われています。そういう意味では、この長所を生かして、「表現する」ということを何かの趣味にして、日々の楽しみにするのも良いと思います。

たとえば、「和歌や俳句を作る」「油絵を描く」「ギターなどの楽器を演奏する」といった趣味です。

「感性が豊かで、表現力に富んでいる」という長所を生かして、すばらしい成果を上げることができるのではないでしょうか。

ですから、本人にとっても、その趣味が一層「日々の楽しみ」になっていくと思います。

「日々の楽しみ」を持つことは、とても大切です。

それが心の癒しになり、そわそわ感をやわらげてくれるからです。

同じ趣味を持つ人たちが集まるサークルなどに参加してもいいでしょう。

趣味を通して、そこに集まる人たちと楽しく交流することで、人間関係の苦手意識も薄れていくと思います。

そして、そこで良い俳句ができたり、上手に絵を描くことができれば、それは自信になります。

人と一緒にいる時に、いつもそわそわしてしまうのをやわらげることに、つながります。

そんな自信を持つことで、人間関係の苦手意識を克服できます。

# 直感に素直に従うほうがうまくいく

アメリカの牧師であり、成功哲学の著述家だった人物にジョセフ・マーフィーがいます。マーフィーは、

「自分の良いところを、いつも思い浮かべていることが大切だ。自分の悪い点を直そうとするよりも、良い点を伸ばすほうが、その人にとってはずっと有益だ（意訳）」

と述べました。

この言葉は、「敏感すぎる性格」のために「人と一緒にいるだけで、そわそわしてしまう」と悩んでいる人にとって参考になると思います。

たとえば、「性格的に敏感すぎる」というタイプにも「良いところ」が数多くあるからです。

たとえば、「直感力にすぐれている」というのも、その一つです。

このタイプの人は、自分の心の奥から聞こえてくる声にも、とても敏感です。

その「心の声」とは、いわゆる「直感」と呼ばれているものです。

そして、その直感に機敏に反応して素直に実践するところも、このタイプの人が持つ良い点の一つだと思います。

あれこれ迷った挙句に決断するよりも、直感に素直に従って行動するほうが驚くような成功につながることが、人生にはよくあります。

「敏感すぎる人」は、このような直感力がとてもすぐれています。

ですから「人間関係が苦手」といった悪い点を無理して直そうとするよりも、この「直感力にすぐれている」という良い点を伸ばすことを考えるほうが得策だと思います。

そのほうが前向きに生きていけるでしょう。

また、周りの人たちとも前向きな気持ちでつきあっていくことができ、その結果、そわそわ感がやわらぐと思います。

## 自分の「良いところ」を見つける

アメリカの哲学者にラルフ・ワルド・エマーソン（19世紀）がいます。

彼は、アメリカのニューソート思想に大きな影響を与えた哲学者としてもよく知られています。エマーソンは、

「人間の精神が健康かどうかを計る尺度は、どこにでも『良いところ』を見つけられるかどうかである」

と述べました。

この言葉を言い換えれば、「自分の性格に『良いところ』を見つけられる人は、精神的に健康である」ということだと思います。

そして「精神的に健康である」ということは、「そわそわ感で悩むこともなくなる」ということなのです。

何かと「人間関係でそわそわすることが多い」という「敏感すぎるタイプの人」ですが、たとえば、「物事を深く考える」ということなどは、このタイプの人の「良いところ」の一つです。

このタイプの人は、性格的に敏感なだけに、一般的な人が気づかないことに気づくことができます。そして、その気づいたことに関して物事を深く考えます。

人生について、仕事について、家族というものについて、意外なことに気づき、深く考える人でもあるのです。

そして、深く考える分、人間性が成長していきます。

そういう意味で言えば、このタイプの人は、非常にすぐれた人間性を持っているとも言えます。

ですから、このタイプの人は、「私は日々、人間的に成長している」「私は、すぐれた人間性を持っている」という自分の「良いところ」に気づくことが大切です。

気づくことができれば、精神的にも健康な状態になって、そわそわ感も消えていくと思います。

## 「わかってくれる人がいる」ことに誇りを持つ

「人と一緒にいるだけで、そわそわしてくる」という人は、「人にやさしい人」であるとも言えます。

このタイプの人は「性格的に敏感な人」が多いのですが、敏感なだけに他人の心境を読み取るのが上手です。

ある人が悲しんでいたり、何かに悩んでいる時、それに敏感に気づくことができます。

周りにいる人たちはまったく気づかなかったとしても、敏感な人は気づくことができるのです。

また、「この人には、いったい何があったんだろう?」と深く考えることができます。

そして、「何かあったの?」と、やさしく語りかけます。

場合によっては、相手の悩み事を親身になって聞いてあげます。

そこで、励ましたり、慰めたりすることもできます。

このように「他人の悲しみや悩み」についても、とても敏感なのです。

悲しんでいる人、悩んでいる人を放っておけないというのが、このタイプの人の「性格的なやさしさ」でもあるのです。

このような性格的なやさしさゆえに、このタイプの人に好感を持つ人たちも大勢います。

確かに、人づきあいに苦手意識を持つ人は、「シャイ」だとか「引っ込み思案」だと見なされることもありますが、「あの人は、心がとてもやさしい人だ」と気づいてくれる人もいるはずです。

従って、身近に、自分の「良いところ」をわかってくれている人が存在する、ということに、もっと自信を持っていいと思います。

そうすることで、落ち着いた気持ちで暮らしていけるでしょう。

## 高い共感力が良い人間関係を作る

「他人の気持ちに共感できる」というのは、すばらしい能力だと思います。身近にいる人の気持ちに共感することによって、絆《きずな》が一層強いものになっていくからです。

相手に共感し、悩みを聞いたり励ましているうちに、深い友情が生まれます。場合によっては、恋人同士となったり、結婚し共に家庭を築いていくことになるかもしれません。

「共感」をきっかけにして人間関係の絆が強まっていくのです。

イギリスの劇作家であるウィリアム・シェイクスピア（16〜17世紀）は、

「共感は全世界の人間を親族にする」

と述べました。

この言葉にある「親族になる」とは、言い換えれば、「人と人とを強い絆で結ぶ」ということを意味しています。

そして、その絆は「共感」によって結ばれる、ということなのです。

「敏感すぎる」という性格の持ち主は、この「共感する」という能力にとても秀《ひい》でています。

辛い思いをしている人が身近にいれば、敏感に気づき、相手を理解することができます。

まさに相手の気持ちを自分も「共に感じる」のです。それが「共感」です。

この「共感する」という能力に秀でているからこそ、身近な人たちと強い絆で結ばれていきます。

ですから、敏感な人は、実は人間関係に恵まれているのです。

そのことに気づくことが、「人と一緒にいるだけでそわそわする」という現象をやわらげることにつながるでしょう。

## 他人のそわそわ感から影響を受けない

「性格的に敏感すぎる」という人は、「他人が今、どういう気持ちでいるか」ということについて、敏感です。

それが他人を思いやる、やさしい気持ちにも結びつきます。

ただし一方で、この性格には困った点もあります。

身近に、そわそわしている人がいたとします。

たとえば、会社で、隣で働いている同僚の女性が、何かそわそわしています。

その女性は会議で重要な発表をすることになっているのですが、会議のことが気にかかるらしく、数日前からそわそわして落ち着かない様子なのです。

その様子を見ながら、自分までそわそわしてくることがよくあるのが、この「敏感すぎる」というタイプの人の特徴の一つです。

他人のそわそわ感にまで、いわば「同調」してしまうのです。そのために自分まで、やらなければならない仕事に集中できなくなることもあります。

このように、良い意味でも悪い意味でも、身近にいる人の心境を敏感に感じ取り、影響を受けやすいのです。

従ってこのタイプの人は、悪い意味で他人から影響を受けないように注意しておくほうがいいと思います。

身近にそわそわしている人がいたら、自分までそわそわして集中力を失わないように、その相手から少し距離を置くように心がける必要があります。

ここでいう「距離」とは、「精神的な意味での距離」です。

もちろん無理に冷たい態度を取ることはありませんが、精神的に少し離れた場所からその相手のことを見るように心がけるのです。

精神的な距離を置くことで、他人のそわそわに、悪い意味で影響を受けずにすむと思います。

## 「ちょうどいい距離感」を見つける

人と人には、お互いに気持ちよくつきあっていけるような「ちょうどいい距離感」があるように思います。

冷淡にするのではなく、かといって必要以上に親密になるのでもなく、ちょうどいい距離感を保っていくのです。

「性格が敏感すぎる」という人は、人とつきあっていく際の、この「ちょうどいい距離感」を身につけることが大切だと思います。

これも「そわそわしない」ための練習の一つになります。

心理学には、「ヤマアラシのジレンマ」という話があります。

冬のある夜、寒さをしのぐためにヤマアラシの夫婦がお互いに体を寄せあいます。

しかし、体を近づけすぎると、ヤマアラシの体には一面に鋭く硬い毛が生えているために、相手の毛先が刺さって痛いのです。

しかし、体を離してしまうと、今度はお互いに寒くて仕方ありません。

そこで、体を寄せたり離したりして試行錯誤を重ねながら、相手の毛が痛くはなく、お互いの体が温まる「ちょうどいい距離感」を見つけるのです。

この話は、人と人との関係にも、お互いに心地よい「ちょうどいい距離感」がある、ということを示しています。

では、この「ちょうどいい距離感」とは、どの程度のものかと言えば、これには決まった定義はないと思います。

この「ヤマアラシのジレンマ」の話にあるように、お互いに近づいたり離れたり試行錯誤しながら、「ちょうどいい距離感」を見つけ出していくしかないと思います。

従って、この「距離感」は、相手によって違ってくるとも言えます。

# 第3章
# そわそわが「ワクワク」に変わる魔法

## 〝そわそわ〟のままだと良くない方向に

「そわそわする気持ち」が長く続いていくことは、その人の人生にとって決していいことではないと思います。

精神的に辛くなっていきますし、何かと後ろ向きなことを考えるようになるのではないでしょうか。

ですから、できるだけ早く、そのそわそわ感を解消するほうがいいと思います。

では、どうするかと言えば、その方法の一つに、「そわそわ感をワクワク感に変える」というものがあります。

ある女性には、次のような経験がありました。

彼女は、現在の夫とは、お見合いで結婚しました。

その際の話です。

親類から縁談が持ち込まれて、日時が決まりました。

その日が来るまでの間、彼女は不安感から、そわそわしてしょうがなかったと言います。そのうちに辛くなってきて、「どうせ、うまくいかないに決まっている」と後ろ向きなことを考えるようになりました。

そのために、一時は断ろうとさえ考えました。

しかし、ある時、考え方を変えました。

「きっと、いい人に巡り会えるだろう。私を幸せにしてくれる人と出会えるだろう」と考えるようにしました。

このようにプラス思考で考えるようにした結果、それまでのそわそわ感がワクワク感に変わっていきました。

そして、明るい気持ちで臨むことができ、結婚し、今は幸せに暮らしているのです。

このように「そわそわ感をワクワク感に変える」ということで、運命が良い方向へと展開していく場合があります。

## プラス思考になると気持ちも変わる

いつも「プラス思考」を心がけることで、そわそわ感がワクワク感に変わっていきます。

また、そわそわ感をワクワク感に変えることで、自分の人生が大きく好転していくことがよくあります。

ある男性は、勤めている会社で、ある重要なプロジェクトを任されました。

それだけ彼は期待される存在だったのです。

しかし、急にそわそわしてきました。

「私の実力で、成功させられるだろうか」

「もし失敗したら、どうなるだろう」

と、心配になり始めたのです。

そわそわして、仕事への集中力も失ってしまいそうになりました。

彼は、自分がマイナス思考に陥《おちい》っていることに気づきました。

そこで、プラス思考を心がけるように考え方を変えました。

「私は期待されているんだ。がんばって成功へ導こう」

「成功したら、もっと大きな仕事を任せてもらえるに違いない」

と、前向きに考えるようにしたのです。

それまでのそわそわ感がワクワク感に変わっていきました。

任されたプロジェクトにも積極的に取り組めるようになりました。

その結果、成功させることができ、さらにやりがいのある大きな仕事を任されています。

このようにプラス思考に変えることで、ワクワクした良い感情が生まれ、それが人の生き方を前向きにします。

## 楽しい夢を持つだけでいい

「これといった理由がないのに、そわそわしてしまう」という人には、ある共通した心理傾向があります。

その一つは、「楽しい夢がない」ということです。

楽しい夢がないと、ついつい「心配なこと」「不安なこと」ばかりが頭に浮かんできます。

それは必ずしも具体的なことではないのですが、「何となく将来が不安だ」という心境になってくるのです。

そのためにそわそわしてくるのです。

そのようなケースでは、「自分なりに楽しい夢を持つ」ということが、いい解決策になります。

どんな夢でもいいのです。たとえば、
「今度の休みに、ずっと観たいと思っていたあのドラマを一気に全部観よう」
「何年も会っていない同窓生と、SNSでつながってみよう」
「自宅に思いっきり美味しいものを取り寄せて楽しもう」
といったことでもいいのです。

そのような「楽しい夢」で頭の中を一杯にすると、自然に「心配」や「不安」といったものが頭から消えてなくなっていきます。

それに従って、そわそわ感もワクワク感に変わっていきます。

そして、それまでよりももっと明るい前向きな気持ちで暮らしていけるようになるのです。

ですから、何でもいいので、何か自分なりの楽しい夢を持つように心がけることが大切です。

できれば、そんな楽しい夢を複数持つほうがいいと思います。

それだけワクワク感も大きくなっていくからです。

## 「後の楽しみ」が多い人ほど前向きになれる

東京の文京区に「小石川後楽園《こうらくえん》」という日本庭園があります。

小石川後楽園のある場所には、もともとは徳川御三家の一つだった水戸家の屋敷がありました。

その屋敷の庭園が、現在の小石川後楽園として残っています。

「後楽園」という名は、水戸の藩主が徳川光圀《とくがわみつくに》（17〜18世紀）だった時代につけられました。

この「後楽園」という名にある「後楽」は、「後《おく》れて楽しむ」とも読みます。

この言葉は、もともとは中国の古典にあったものです。


人生には苦労がつきものです。

その苦労を前向きな気持ちで乗り越えていくためのコツは「後楽」なのです。

つまり、「苦労が多いけど、これを終えた後《のち》に何か楽しいことをしよう」という楽しみを持つことなのです。

そのような「後の楽しみ」があるからこそ、大変なことであっても明るい気持ちで取り組んでいくことができます。

また、この「後の楽しみ」が、そわそわ感をワクワク感に変えるコツになります。

「後の楽しみ」が少ない人は、きっと、「あぁ嫌だ。この状況から抜け出したい」という思いから、そわそわして落ち着かなくなっていくでしょう。

しかし、「後の楽しみ」がある人は、その楽しみを思い浮かべるだけでワクワクしてきます。

今、苦労をしている状況であっても、それをワクワクした気持ちで乗り越えていくことができるのです。

従って、そわそわと落ち着かない気持ちになることも少ないのです。

## 「今」に集中するヒント

イラストレーターをしている女性がいます。

彼女はフリーランスとして、主に自宅で仕事をしています。

時に彼女は、とても大きな仕事を依頼されることがあります。

もちろん喜ばしいことなのですが、同時にとても苦労が多い大変な仕事でもあるのです。

自宅で、ひとりで苦労しながらイラストを描いていると、ふと、

「今頃、友だちの○○さんは、家族と一緒に幸せな時間を過ごしているんだろうな……」

「どうして私だけ、こんなにアクセクしなきゃいけないんだろう。のんびりしたい

な……」

「好きな仕事ではあるけど、こんなに時間に追われて、発注元が欲しがってるイメージに合わせるのが大変で……この苦労がいったい何になるのかな、ただの骨折り損のくたびれ儲けじゃないのかな」

といった思いが頭に浮かび、そわそわしてきて、集中できなくなってしまうと言います。


そういう時、彼女は、「仕事をやり遂げた後の楽しみ」を考えるようにしているのです。

そうすると、その「後の楽しみ」へ向かって、気持ちが軽くなり、ワクワクしてくると言います。

それに伴って、そわそわした気持ちも自然に消えていって、やらなければならない仕事に前向きに取り組めるようになるのです。

## うまくいく・いかないを分けるもの

「チャレンジ精神を持つ」ということは、人生を充実したものにするための大切な要素の一つです。

色々なことにチャレンジしてこそ、自分の経験や知識を豊かなものにできます。

そして、そこでは色々な人との出会いも生まれます。

従って、自分がこれまでにしたことがないことにチャレンジしていく精神を旺盛に持って生きていくのが良いと思います。

ただし、新しいことにチャレンジするにしても、二通りのタイプがいます。

「そわそわしてしまうタイプ」

「ワクワクするタイプ」

の二通りです。

「そわそわするタイプ」は、きっと、「うまくいかないのではないか。うまくいかなかったら恥をかく」といったマイナス思考になっているのではないでしょうか。

マイナス思考になると、何かにチャレンジする時の楽しみが失われていくことになるのです。

一方で、「これにチャレンジすることで、自分の可能性が大きく広がる」とプラス思考で考えられる人は、ワクワク感をおぼえることができます。

何かにチャレンジするのであれば、やはりそわそわ感ではなく、ワクワク感を持って挑みたいものです。

それでこそ、いい結果も出るのではないでしょうか。

「うまくいかなかったら恥をかく」と、そわそわした落ち着かない気持ちでいても、いい結果は出ないでしょう。

どうせ何かにチャレンジするのであれば、ワクワク感を持つほうが得策です。

## ワクワクしてチャレンジしてこそ活躍できる

日本のプロ野球から、アメリカのメジャーリーグに挑戦して成功を収めた選手がいます。

彼は、挑戦が決まった時に、とてもワクワクした気持ちだったと言います。

メジャーリーグは、世界中から超一流の選手たちが集まってくる世界です。激しく厳しい競争があります。

そのような世界ですから、いくら日本のプロ野球で活躍していたとしても、成功できるかどうかはまったくわかりません。

もしかしたら、まったく活躍できないまま終わるかもしれません。

それにもかかわらず、夢の大舞台でプレーできることに、とてもワクワクしたと言います。

この場合、言い換えれば、そんなワクワク感があったからこそ、積極的に、前向きにプレーに取り組めたと言えるように思います。

そして、ワクワク感をもって挑戦したからこそ、成功できたのではないでしょうか。

もし「活躍できなかったら、恥ずかしい思いをすることになる。どうしよう」というそわそわした気持ちでいたならば、積極的な気持ちで挑戦できなくなって、本当に活躍できないまま終わったかもしれません。

何かにチャレンジする時、もちろん、うまくいかない可能性もあります。

しかし、ネガティブな可能性を意識しすぎると、そわそわしてきて落ち着かなくなります。

ワクワク感を持ってチャレンジしていくほうがいいのです。

## 「イメージング」で気持ちが落ち着く

「経験したことがないこと」をする時、人は多くの場合、緊張します。

そして、その緊張感のためにそわそわする、ということもよくあるのです。

では、緊張感をどうやってやわらげればいいかと言えば、方法の一つに「イメージング」があります。

この「イメージング」は応用心理学の言葉です。「良いイメージを思い描くことによって気持ちを落ち着け、自分が持っている実力を十分に発揮する」ということを意味しています。

そわそわしている状態では、自分が持っている実力を十分には発揮できません。

それでは、うまくいくものもいかなくなります。

「初めて経験する面接試験」

「初めて担当する仕事」

「人前での初めてのスピーチ」

など、これまで経験がないことをする時には、緊張感を伴います。

そんな緊張感をやわらげるために有効なのが「イメージング」なのです。

「面接試験で堂々と受け答えをしている自分」

「初めて担当する仕事で活躍している自分」

「人前でスピーチをしている自分」

を、イメージしてみるのです。

そのような良いイメージを頭の中に抱くことで、気持ちが落ち着いていきます。

それに従って、それまでのそわそわがなくなっていき、気持ちがワクワクしてきます。

そして、経験のないことをすることが楽しみになってくるのです。

## 「良いイメージ」を定着させるコツ

そわそわする時、落ち着く方法の一つが、前項でもふれた「イメージング」です。イメージングする時には、いくつかのコツがあります。

- 「なりたい自分」を具体的にイメージする。
- その状況を具体的に書き出してみる。あるいは、絵に描く。
- イメージを定着させるために、何度も繰り返す。

まず大切なのは、ネガティブなイメージを持たない、ということです。

人間には、ともすると、「恥ずかしい思いをしている自分」や「失敗して落ち込んでいる自分」など、ネガティブなイメージをわざわざしてしまう心理傾向があります。

だからこそ、自分で強く意識して「こうなれば幸せだ」というポジティブなイメージを持つようにすることが大切です。

そして、できるだけ具体的にイメージする方法として「文字として書く」「絵に描く」という方法もあります。

たとえば、好きな人に初めてプロポーズするとします。

そのような時に、「どういうふうに言おうか」と考えながら、そわそわしてくるのを感じた、という人もいるのではないでしょうか。

そんな時には、プロポーズの言葉を実際に書き出してみます。

また、絵が得意な人は、その時の状況を絵にしてもいいでしょう。

そうすることで、より具体性を持ってイメージングすることができます。

また、このイメージングは一回限りで終わるのではなく、何度も繰り返すことが大切です。

何度も繰り返すことで、良いイメージが定着し、そわそわ感がワクワク感に変わっていくのです。

## 「情報収集」プラス「良いイメージ」

経験のないことにチャレンジしようという時、人は普通、そのことに関する情報を集めます。

もちろん「情報を集める」ということは重要です。

ただし、それと同様に大切なのは、「良いイメージを持つ」ということです。

ある男性は長年勤めた会社を定年退職するのをきっかけに、自分で商売を始めようと決心しました。以前から趣味としてやっていたソバ打ちの技術を生かして、小さなソバ屋を始めることにしました。ただ、サラリーマン経験しかない彼は、自分で商売を切り盛りするのは初めてでした。

そこで、飲食店の経営に関する本をたくさん買って読み、経営セミナーなどにも参加して、商売で成功するための知識を集めました。

しかし、いくら知識を集めても、今一つ自信を得ることができませんでした。

「本当にうまくいくんだろうか」と、そわそわしてくるのです。

「失敗したら、どうしよう」と、後ろ向きなことも考えるようになりました。

しかし、あきらめきれなかった彼は、イメージングをすることにしました。

始めたソバ屋でイキイキとして働き、客席にはたくさんのお客さんがいて、彼が提供するソバをおいしそうに食べている情景を、毎日、具体的にイメージするように心がけたのです。

その結果、自信が生まれ、そわそわ感もワクワク感に変わっていきました。

そして、以前よりも熱心に開店準備に取りかかれるようになりました。

今は、そのソバ屋の店主として、店を繁盛させています。


「情報を集める」だけでは足りないのです。

それに「良いイメージ」をプラスするのが肝心です。

## 知識だけではうまくいかない

物理学者として「相対性理論」を発見し、ノーベル物理学賞を受賞した人物にアインシュタイン（19～20世紀）がいます。

彼は、

「空想することは、知識よりも重要である」

と述べました。物理学の天才ですから、もちろん多くの知識を持っていたわけです。

しかし、この言葉で、「いくら豊富な知識があったとしても、知識だけでは画期的な発見はできない」と指摘しています。では、画期的な発見をするためには何が重要なのかといえば、それは「空想することだ」と言っているのです。

この「空想する」という言葉は、言い換えれば、「イメージする」ということと理解できると思います。

「これらの知識を活用すれば、どういう発見ができるだろうか」ということをイメージする力があってこそ、実際に「画期的な発見」をすることができるのです。

これから何かにチャレンジしよう、新しいことを始めよう、という人には参考になるのではないでしょうか。

これから始めることに関して知識を得るのも良いでしょう。

ただし、知識を得るだけでは足りないのです。

これから始めようとすることに「良いイメージを持つ」ということが非常に重要なポイントになってきます。

良いイメージがあってこそ、「なりたい自分」にグンと近づいていけます。また、良いイメージを持ってこそ、「始めたいこと」に向かってワクワクした期待感を抱くことができます。

イメージングは、そわそわ感を消し去って、ワクワク感へ変えていくことができるのです。

# 第4章 不安や心配が吹き飛ぶヒント

## 成功体験を思い出して自信を得る

「心配」や「不安」といった感情が、そわそわする気持ちを作り出す原因の一つになります。

たとえば、出勤途中の電車の中で、「今日は大切な商談がある。うまくいかなかったらどうしよう」と、心配になることがあります。

「うまくいかなかったら、上司から怒られるだろうな」と、不安な気持ちにもなってきます。

そうなると、もう、そわそわして落ち着かなくなってしまうのです。

しかし、それでは、自信を持って臨めないと思います。

そうなれば、それこそ「うまくいかない」という事態になるのではないでしょうか。

「私なら必ず成功する」という自信を持ってこそ、うまくいくと思います。

また、「自信を持つ」ということは、心のそわそわ感を吹き飛ばすための方法の一つにもなります。


では、どうすれば自信を持つことができるかと言えば、その方法の一つに「過去の成功体験を思い出す」というものがあります。

これまで、「商談がうまくいって、上司からほめられた」という経験がある人も多いと思います。

心配や不安からそわそわしてきた時には、そんな過去の成功体験を思い返してみるのです。

そうすると、「私には実力がある。今度もうまくいくはずだ」という自信もよみがえってきます。

それに伴って、そわそわ感も消えていくのです。

## 堂々としているだけで自信が生まれる

オランダ出身で、印象派の代表的な画家として活躍した人物にゴッホ（19世紀）がいます。「ひまわり」という作品で、日本でもよく知られています。

ゴッホは、

「自信を持つことが重要だ。そのためには、自信があるかのように行動することが大切だ（意訳）」

と述べました。

人間が心配や不安といった感情を捨て、そわそわすることなく落ち着いた気持ちで生きていくためには「自信を持つ」ということが非常に大切です。

では、どうすればいいかと言えば、「自信があるかのように行動することが大切だ」と、ゴッホはこの言葉で指摘しているのです。

具体的に言えば、

- 堂々としている。
- 背筋を伸ばす。
- ハキハキとした話し方をする。
- プラスの言葉を使う。

といったことだと思います。

心理学には、「パワー・ポーズ」という言葉があります。「いかにも力強い、自信に満ちたポーズ、つまり姿勢を取る」という意味を表す言葉です。

すなわち、心理学でいう「パワー・ポーズ」も、このゴッホの言葉と同様に、「自信にあふれた振る舞いをしたり姿勢を取ることで、精神的にも自信を持てるようになる」ということを意味しているのです。

人間の「振る舞い」や「姿勢」といったものは、その人の精神面に強い影響を与えている、ということなのです。

そして、それはそわそわ感を消し去ることにも役立つのです。

## 気持ちが落ち着いていないと努力は続かない

世界の喜劇王と呼ばれた人物に、チャールズ・チャップリン（19～20世紀）がいます。

彼は、

「人に大切なのは、自信を持つことだ。
私は孤児院にいた時も、腹をすかせて街をうろついていた時も、自分では世界一の大役者になるぐらいのつもりでいた。
自信をなくしたら、人は打ち負かされてしまう（意訳）」

と述べました。

チャップリンは、子供の頃はとても不幸でした。

幼い頃に両親が離婚し、母親に育てられましたが、その母親が心の病にかかり施設に収容されました。

そのために孤児院に行くことになりました。

孤児院を出てからも、お金がなく十分に食べられないという状況でした。

そんな状況の中で、「私はこれから、どうなってしまうのだろう」という心配や不安から、そわそわがどうしても止まらなくなったこともあったようです。

しかし、そんな中でも自分への自信を失わなかったのです。

そして、自信を失わなかったからこそ、気持ちを落ち着けて演劇や映画の世界で努力し続けることができたのです。

そわそわしている限り、人は地に足をつけた努力を続けていくことは、なかなかできません。

気持ちが落ち着いているからこそ、しっかりと努力を続けられ、成功をつかむことができます。

## 「心配事のほとんどは起こらない」と知っておく

何か心配事があると、どうしてもそわそわしてきます。

しかし、心配していることが実際に起こることは滅多にないと思います。

実際には、「心配していたことなど、何も起こらなかった」というケースのほうが多いのではないでしょうか。

そのことを心得ておくことも、そわそわをなくし、落ち着いた気持ちで暮らしていくための大切な練習になります。

ある母親には、次のような経験があります。

大学を卒業し、有名企業に就職した息子がいましたが、就職後間もなく、「会社を辞めて、お笑い芸人になる」と言い出しました。

母親は「生活できるはずがない。せっかく有名な会社に就職できたのに、一生を棒に振るようなものだ」と言って反対しました。

しかし、息子は反対を押し切って、会社を辞めて、お笑い芸人を育成する学校に入ってしまいました。

母親は、その当時は、息子の将来が心配で、いつもそわそわして仕方なかったと言います。

しかし、心配していることなど起きませんでした。

「息子は息子で、自分の力で人生を切り開いている。親が心配してもしょうがない」と、気づきました。

それ以来、息子のことでそわそわと気を揉むことはなくなった、と言います。

そわそわ感の原因となりやすい「心配事」を心から取り除くということで、解決できる場合もあります。

# あれこれ心配するのは妄想

禅の教えに、

「心配事など妄想にすぎない。だから『妄想しない』と心がけることが大切だ」

というものがあります。

この言葉にある「妄想」とは、言い換えれば、「実際に起こり得ることではなく、その人が頭の中で勝手に作り出したもの」という意味です。

自分が勝手に作り出した「妄想」によって、落ち着かない気持ちになったり、気持ちをそわそわさせている人がいるのです。

ですから、禅は、「妄想しないことが大切だ」と説くのです。

妄想することをやめれば、「私は心配しなくてもいいことで気を揉んでいるにすぎない」ということに気づきます。

そして、それに気づくことができれば、自然にそわそわ感も消えていくのです。

三十歳で独身の女性がいました。

彼女は、「私は独身のまま一生過ごすことになるのではないか」と心配していました。

そう考えると、「四十代、五十代になったらどうなるのか」ということが気にかかって、そわそわして落ち着かなくなりました。

前向きな、明るい気持ちで暮らせなくなりました。

そこで彼女は、「未来はどうなるかわからない。わからないことを自分で勝手に『こうなったら』と、あれこれ妄想するのはやめよう」と考えました。

そして、「とにかく今日を気持ち良く精一杯生きよう」と決めました。

その結果、それまでのそわそわ感がなくなり、明るい気持ちで暮らしていけるようになりました。

過度の心配事という「妄想」は捨てるほうがいいと思います。

## 「無駄な時間」を減らすと人生が充実する

アメリカで、高齢者を対象にして、次のようなアンケート調査が行われました。

「あなたが、人生の中でもっとも後悔していることは何ですか」と尋ねたのです。

その結果、

「心配しなくてもいいことを心配し、無駄な時間を過ごしたこと」

と、回答した人が多かったと言います。


このアンケート結果は、一つは、「いかに多くの人が、心配事で気持ちをそわそわさせたという経験をしているか」を表していると思います。

そして、もう一つ、「多くの人たちが心配していたことが、実際にはほとんど起こらなかった」という事実を示しています。

そのために、多くの人たちが、「自分たちが気を揉んだりそわそわしていたのは無駄な時間だった」と感じているのです。

幸福な人生を送る条件の一つに「無駄な時間を少なくしていく」ということが挙げられると思います。

無駄な時間を少なくできれば、それだけ時間を有意義に使っていけます。

また、有意義な時間が増えるほど、人生は充実したものになります。

では、どうすれば「無駄な時間」を少なくできるのかと言えば、「心配しなくてもいいことで、心配しない」ということが大切です。

何か心配事が心に生じて、そわそわしてきたら、改めて、「これは本当に心配すべきことなのか」と、よく考えてみる習慣を持つと良いのです。

現実には、「よく考えてみれば、心配する必要はない」ということに気づくことも多いと思います。

## 「本当はどうなのか」を見極める

イソップ物語に、『ライオンとカエル』という話があります。

一頭のライオンが森の中を歩いていました。

沼の近くに差しかかると、カエルが大きな声で鳴くのが聞こえてきました。

ライオンは、「あれだけ大きな声で鳴くのだから、よほど大きな体なのだろう」と思いました。

そして、「この沼の近くにいたら危ない。大きな体のカエルに見つかったら、やっつけられてしまうかもしれない」と心配になってきました。

そわそわと落ち着かなくなってきて、「早く逃げよう」と思いました。

その時です。沼の周りに生えている草の陰からカエルが姿を現しました。

それは、ライオンと比べて、とても体が小さな一匹のカエルでした。

（『イソップのお話』（岩波少年文庫）

この話は、「実際に本物を見ていないなら、余計な心配でそわそわしないほうが賢明だ」ということを諭《さと》しています。

人が何かを心配するには、もちろん、それなりの理由があるのでしょう。

このイソップの話に登場するライオンが「カエルの大きな鳴き声を聞いて、やっつけられてしまうと心配になった」のと同様です。

しかし、その際、むやみにそわそわして心配するのではなく、「本当はどうなのか。現実はどうなのか」ということを見極めてみることが重要なのです。

よくよく見極めてみれば、「実は、心配する必要など何もなかった」ということに気づく場合も多いからです。

真実を見極められれば、心配事も、そわそわ感も消えていきます。

良くないのは、真実を見極めないまま、心配事ばかりを大きくふくらませていくことです。

そうなるとそわそわ感も、いつまでも止まることはありません。

## 世間に振り回されないヒント

心理学に、「予期不安《よきふあん》」という言葉があります。

この言葉には、「何か悪いことが起こるのではないかと予想して、そのために不安感が増してしまう心理現象」という意味があります。

たとえば、新聞で、「最近、不景気のために人員整理をする会社が増えている。定年を前にしてリストラにあう人が増えている」という記事を読んだとします。

そうすると、「私の会社も業績が下がっている。人員整理が始まるかもしれない。私自身、リストラされるかもしれない」と、不安になってきます。

そのためにそわそわしてきて、仕事にも集中できなくなるのです。

しかし、こういう時に人が頭の中で思い描いているのは、あくまでも「〜かもしれない」という予想、予期にすぎないのです。

いわば「妄想」と言ってもいいでしょう。

そんな妄想に振り回されてそわそわし、仕事に集中できなくなるというのは、決して良いことではないと思います。

そのために業績が落ちていけば、社内での評判が落ちるでしょうし、それこそリストラの対象になりかねません。

そうならないために大切なのは、世間の動向はどうであれ、「今の自分の現実は、どうなっているか」ということを正しく見極める習慣を持っておくことです。

「確かに人員整理をする会社が増えていると聞くが、私はみんなから頼りにされているし、業績も悪くない。リストラされる心配はない」と、しっかり見極めることができれば、余計な不安を抱かずにすむのです。

余計なことで、そわそわすることもありません。

## 健康に注意しながら「楽観的」でいる

自分の「健康に関する問題」で、そわそわしてくることがあります。

ある男性には、次のような経験があると言います。

自宅がある自治体が実施している健康診断を受けました。

その血液検査で、肝臓の健康状態を示す結果があまり良くなかったのです。

また、血圧も少し高めでした。

すぐに治療が必要になる状態ではありませんでしたが、医師からは「日頃の生活に注意するように」とアドバイスされました。

彼は、それからというもの、

「肝臓ガンになるのではないか」

「ある日突然、脳卒中を起こしてしまうのではないか」

「自分は早死にするのではないか」

といった不安から、そわそわと落ち着かなくなっていきました。

しかし、

「こんなふうにそわそわしていたら、そのストレスから、それこそ病気になってしまうかもしれない」

と考え直しました。

そこで、健康的な食事や、適度な運動などを心がけながらも、できるだけ楽観的な気持ちでいるようにしました。

その結果、その後の健康診断では、血液検査や血圧の数値も改善した、と言います。

「ストレスは健康に悪影響を与える」と言われています。

健康について「注意する」ということと、「楽観的でいる」ということの、ちょうどいいバランスを保ちながら暮らしていくのが賢明です。

# 流行を気にするより、自分らしい生き方を

仏教の経典に『法華経《ほけきょう》』があります。

この法華経の言葉に、

「世間の法に染まらない人は、精神的に清らかでいられる（意訳）」

というものがあります。


この言葉にある「世間の法に染まらない」とは、言い換えれば、「世の中で起こっている様々な出来事に影響され振り回されない」ということです。

そうやって「世の中」というものから一定の距離を置いて、自分ならではの生き方を貫いている人は、「精神的に清らかである」と指摘しているのです。

この法華経の言葉は、「そわそわしない」ということを考える上でも参考になる

と思います。

世の中には「流行」というものがあります。

ファッションの流行もその一つでしょう。

「私は流行に乗り遅れているのではないか」と不安に感じながら暮らしている人もいます。

法華経の言葉に従えば「世間の法に染まっている」、つまり「世の中で起こっていることに振り回されている」ということになるかもしれません。

そのために不安になり、また、「いつも流行のものを身に着けていたい」とそわそわしてくることにもつながります。

従って、「流行」といった世の中で起こっていることからは適度な距離を置いて、「自分らしい生き方」を追い求めていくほうが落ち着いていられます。

そうすることで、不安も消えます。

気持ちがそわそわしてくることもないでしょう。

それが「精神的に清らかでいる」ということだと法華経は説くのです。

## 良い意味で開き直る

「世間体《せけんてい》を気にする」という言葉があります。

わかりやすく言えば、「世間の人たちに、良いところを見せたい、恥ずかしいところを見せたくない」という心理傾向を表していると思います。

ただ、そんな「世間体を気にする」といったタイプの人も、ともすると、「そわそわして落ち着かない」ということになりやすい傾向があります。

たとえば、つきあっている男性がフリーターだという女性です。

この女性が世間体を気にするタイプだったとすれば、友人たちに対して恥ずかしく思うことでしょう。

フリーターとつきあっている自分はどのように思われているか不安になって、いつもそわそわした状態でいるのではないでしょうか。

また、たとえば、四十歳を過ぎても独身で平社員の男性がいたとしましょう。

もし「世間体を気にする」というタイプだったなら、きっと、周りの人たちから自分がどのように思われているか心配になり、「ダメな人だと思われていないか？」と、いつもそわそわした気持ちでいることになると思います。

このように「世間体を気にする」というタイプの人は、そわそわと落ち着かない気持ちで生きていることが多いのです。

それはもちろん、本人にとって良いことではないと思います。

大切なのは、「良い意味で開き直る」ということです。

「私は私の生き方を貫くだけだ。世間体なんて関係ない」と、良い意味で開き直ることで、不安や心配が消え、そわそわ感も解消されます。

## 「出世間《しゅっせけん》」を実践してみる

「出世」という言葉があります。

よく「あの人は出世して取締役になった」といった言い方をします。

そこには「昇進する」「成功する」といった意味があります。

この「出世」の語源は仏教にあります。

仏教における「出世」という言葉の意味は、一般的に知られているものとはまったく違い、「出世間」という言葉の略です。

「出世間」とは、「世間を出る」ということです。

たとえば、「世間体を気にするのをやめる」ということです。

あるいは、「世間の出来事に振り回されるのをやめる」ということです。

また、「世間の常識にとらわれるのをやめる」ということでもあると思います。

そのようにして「世間を出る」を実践することで、いま心を占めている様々な不安や心配を捨てられる、と仏教は考えるのです。

つまり、気持ちがそわそわすることもなくなり、心安らかに生きていける、ということなのです。

「そわそわしない生き方を練習していく」ということを考える上で、仏教が教える「出世間」を参考にしてもいいと思います。

「出世間」とは、言い換えれば、世間から少し離れた地点で、自分らしい生き方を実践していく、ということを意味していると思います。

しっかりとした「自分の生き方」というものが備わっている人は、世間の動向に振り回されてそわそわすることはありません。

また、自分らしい生き方を実践することが、充実した人生にもつながります。

# 第5章

# 「どう思われるか気になる」から解放されるコツ

## 「人の目が気になる」はストレスになる

「人の目が気になる」というタイプの人がいます。

このタイプの人も、「そわそわして落ち着かない」ということがよくあります。

ここで注意したいのは、この「そわそわ」はストレスになっているということです。

当初はそれほど気にかからないかもしれません。

しかし、この「そわそわ」が毎日毎日、長く続いていくとストレスもたまっていきます。

そして、ストレスが過重なまでにたまってしまえば、心身に害を与えることにもなります。

悲観的なことばかり考えるようになってうつ状態になったり、「どうも体の調子が悪い」といった症状も出てきかねないのです。

ですから、この「そわそわ」が毎日続くようでしたら要注意です。従って、その「そわそわ」の原因になっている、「人の目が気になる」という度合いを、軽くすることがポイントになります。

仕事にせよ、家庭のことにせよ、自分が「今、やらなければならないこと」がたくさんあるはずです。

その「やらなければならないこと」だけに集中します。

そうすれば「人の目」も気にならなくなります。

自然に、そわそわ感も消えていくと思います。

## 「一心専念《いっしんせんねん》」で、そわそわ感が消えていく

仏教の言葉に、「一心専念」という言葉があります。

浄土宗や浄土真宗でよく用いられる言葉ですが、その意味は「心をこめて、ただひたすら仏道修行を行う」ということです。

この「一心専念」を実践することで、「雑念が取り払われて、心が澄みわたっていく」ということなのです。

この言葉には、一般の人が日常生活を送る上でも、参考になる点があると思います。

特に、「そわそわしない」ということのためにも大いに役立つのではないでしょうか。

たとえば、この言葉にある「専念」を、「自分がやるべきことに専念する、つまり、そのことだけにひたすら集中して取り組む」という意味に理解します。

つまり、「自分がやるべきことを心を込めてやっていき、ただひたすらそれに集中して取り組む」ということです。

そうすることによって、「雑念がなくなって、心が澄んでいく」ということなのです。

「雑念がなくなる」とは、言い換えれば、「人の目が気になって、そわそわすることがなくなる」ということを意味します。

なぜなら、「人の目が気になる」「そわそわする」「気持ちが落ち着かない」というのは、「雑念」からもたらされるからです。

「雑念」を消し去るために、「一心専念」という考え方を実践していくことが役立つのです。

雑念が取り払われれば、澄み切った心を持って暮らしていけるようになります。

## バラのように美しく生きられる

ドイツの医師、詩人であり宗教家だった人物に、アンゲルス・シレジウス（17世紀）がいます。シレジウスが書いた詩に、

「バラは『なんのために』という理由なしに、花を咲かせる。
バラは、ただ無心になって花を咲かせている。
バラは自分自身を気にしない。
人からどう思われているかも問題にしない（意訳）」

というものがあります。

バラの花は、確かに、「人から自分がどう思われているか」といったことを気に

しません。ただ「成長して花を咲かせる」という自分の務めを、無心になってひたすら一生懸命果たしているのです。

そして、「花を咲かせる」という自分の務めについて、あれこれ疑問を持つこともありません。

シレジウスは、この詩において、「人間も、そんなバラのように生きていければ、幸せだ」と指摘しています。

人は時に、「周りからどう見られているか」をひどく気にします。

そのために気持ちが落ち着かなくなり、そわそわしてきて、「自分がやるべきこと」に専念できなくなる場合もあります。

それは賢いことではないと思います。

まずは、「自分がやるべきこと」に無心になって専念することが大切です。

無心になることで、自然にそわそわ感も消えていきます。

そうすれば、まさにバラの花のように「美しい姿」で生きていけるでしょう。

## 気にするほど人は「私」を見ていない

ある男性は「周りの人たちは、自分が思っているよりも、私に注目していない」と気づいた瞬間、そわそわ感が自然に消えていったと言います。

彼はもともと、非常に人の目を気にするタイプでした。

「もしかしたら私は、周りの人たちから良く思われていないのではないか」ということが気にかかって、そわそわと落ち着かなくなることがよくあったそうです。

そわそわ感がストレスになって、心に重くのしかかっていることも実感していました。

そんな彼は、ある時、ふと気づいたのです。

「私の周りにいる人たちは、それぞれ『自分がやるべきこと』に精一杯で忙しい生活を送っている。私のことをあれこれ考えるほど暇じゃない。自分が思っているよりも、周りの人たちは私のことなんて見てはいない」

ということに気づいたのです。

そう気づいてからというもの、気持ちがとても楽になりました。

そわそわ落ち着かなくなる、ということもなくなりました。

そして、人の目を気にすることなく、のびのびと自分らしい生き方ができるようになったのです。

確かに、彼が言う通り、「周りの人たちは、それほど自分のことを見てはいない」というのは事実かもしれません。

そして、もしそうならば、最初から「人が自分をどう見ているか」など気にする必要もなくなります。

そのことに気づくことができれば、のびのびと生きていけるようになると思います。

## 大きな目標を持って生きる

自分の人生に「大きな目標を持つ」ということは、とても大切です。

目標があってこそ、生きがいや、生きる喜びが生まれるからです。

さらに、自分の人生が悔いのない、充実したものになります。


そして、人生の目標を持つということは、「そわそわしない」ということにも役立ちます。

目標がある人は、自分が人からどう思われるかを気にするよりも、とにかく、自分の目標に一歩でも二歩でも近づくことを優先します。

ですから、たとえ自分のことを悪く思う人がいたとしても、

「そんなことを気にするよりも、私は大きな目標に向かって進んでいくほうが大切

だ」

と、良い意味で、前向きに開き直ることができます。

明治維新の英雄に、坂本龍馬（19世紀）がいます。彼は、

「世の人は我を何とも言わば言え、我なす事は我のみぞ知る」

と、和歌の五七五七七という形式で述べました。

彼には「日本を変える。日本を外国に負けない強国にする」という大きな目標がありました。

それは日本人の幸福のためでもありました。

周りには悪く言う人も少なくありませんでしたが、何を言われようと、気にしません。

「我なす事」、つまり「大きな目標」があったからです。

人生に大きな目標がある人は、周りの人たちからどう思われているかを気にして、そわそわすることはないのです。

## 「自分の長所」を書き出す

「人の目が気になる」というタイプの人には、自分をネガティブにとらえている人がいるようです。


「私は能力がない。ダメな人間だ」

「誰からも好かれていない」

「何をやっても中途半端な人間だ」

「成功からほど遠い人間だ」

といったように、自分を否定的に考えがちなのです。

そのために余計に「周りからどう見られているか」が気にかかってしょうがありません。

自分でダメだと思っている部分を、周りの人たちも気づいているのではないかと気にかかり、いつもそわそわして落ち着かないのです。

このようなタイプの人は「自分のダメな部分」ではなく、「良い部分」に意識を向けるように習慣づければ、周りの目はそれほど気にならなくなります。

そして周りの人たちに、いい意味で誇らしい気持ちになれるのではないでしょうか。

誰にでも欠点はあります。

同様に、誰にでも長所があります。

その長所に意識を向けるのです。

その方法として、「自分の長所」を書き出すという方法があります。

書き出すことで、自分の長所をより明確に意識できるようになるのです。

## 「どう見られるか」より「どんな人間でありたいか」

「他人からどう見られているか」を気にしてそわそわしているよりも、人生には大切なことがあると思います。

それは、

「自分は何をしたいのか」

「どんな人間になりたいのか」

を考えることです。

「自分がどう見られているか」を気にすると、気持ちが落ち着かなくなるばかりです。

有益なことは何もありません。

一方で「自分は何をしたいのか」や「どんな人間になりたいのか」について真剣

に考えることは、「生きる目的」をもたらします。

そわそわ感が消えていき、強い信念を生み出します。非常に有益なことなのです。

フランスの哲学者であるモンテーニュ（16世紀）は、

「私は他人にどう見えるかを気にしない。

それよりも重要なのは、『私は、どんな人間でありたいか』を気にすることだ。

私は、他人からどう見られるかを気にして、自分の生き方を決めるのではなく、

自分がどんな人間でありたいかを考えることによって、自分の生き方を決めたい（意訳）」

と述べました。

・「他人からどう見られているか」を気にしない。

・「自分がどうありたいか」を考える。

これが充実した人生を実現するコツです。

## 噂話《うわさ》を気にしても人生は良くならない

人が大勢集まる場所には「噂話」がつきものです。

職場でも学校でも、友人たちが集まる場でも、人が集まれば、必ず「人の噂」を始める人がいるものです。

作家、出版社の経営者として活躍した人物に菊池寛《きくちかん》（19〜20世紀）がいます。

彼は、

「人間が二人集まれば、会話の三分の二まで人の噂である」

と述べました。

これは、「人はそれだけ、誰かの噂話をするのが好きだ」ということを指摘しています。

そういう意味において、たとえば職場などで、「私のことを噂している人もいるのかな。悪い噂ではないといいけど」と気にしている人もいるかもしれません。

悪い噂を流されて辛い思いをした人もいるでしょう。

基本的には、「どう噂されているか」は、あまり気にしないように心がけるのが賢明です。

自分がやらなければならないことに、集中できなくなってしまうからです。

一番大切なのは、「やるべきことを、やる」ということだと思います。

その「やるべきこと」に全力を傾けてこそ、より良い人生を実現することができます。

噂話を気にしても、自分の人生が良い方向へと前進していくことは望めないでしょう。

自分がやることに意識を集中するのが賢明です。

## 噂は長続きしない

古代中国の思想家に老子（紀元前6世紀頃）がいます。

老子は、次のように述べました。

「誰かが自分の悪い噂話を言い立てたとしても、そんなことは気にしなくていい。
どんなに激しい風でも、一日中吹いていることはない。
どんなにすさまじい暴風雨にしても、一晩中降り続けることはない。
それが自然の法則である。
それと同じように『悪い噂』にしても、長く続くことはない。
すぐに消え去ってしまうだろう。
だから、気にすることはないのだ（意訳）」

（『老子・第二三章』岩波文庫）

この言葉で、老子は、「噂話」を「激しい風」や「暴風雨」に例えています。確かに「激しい風」や「暴風雨」がいつか止むように、「悪い噂」もそれほど長く続くものではなく、いつかは止んでいくものだと思います。

日本のことわざには、「人の噂も七十五日」というものもあります。

つまり、「噂は永遠のものではない。一過性のものだ」ということです。

いずれにしても、「長く続くものではないのだから、気にすることはない」ということです。

「悪い噂を立てられるのではないか」と、あまり不安に思わないほうが賢明だと思います。

そんなことにそわそわするよりも、自分の夢や目標の実現のために集中していくことです。

## 批判を気にせず、信じることを話す

「人から批判的なことを言われる」ということに不安感を覚える人がいます。

このタイプの人は、たとえば会議などが近づくと、そわそわしてくることが多いようです。

誰かに「もうひとつだね」だとか、「もっと斬新《ざんしん》な意見はないのか」と批判されるのではないか、と気にかかるのです。

しかし、そのように批判されることを、必要以上に気にしないほうがいいと思います。

それよりも大切なことは、自分が本心から「これが正しい。これはイケる」と思ったアイディアを、会議の席で堂々と述べる、ということです。

確信を持って発表してこそ、会議に出席している人たちの心を動かすことができます。

そわそわしながら述べても、賛同してくれる人は実際には少ないのではないでしょうか。

そわそわしている人は、周りの人たちには「自信なさそうに見える」からです。

批判など気にすることなく、堂々と述べることが大切です。

いずれにしても、何を言っても批判されるのです。

画期的な良い意見を、必ず批判する人がいます。「前例がない」といったようにです。

無難な意見では「平凡だ」と批判されます。

ですから、いい意味で開き直ってしまうほうが良いという考え方もあります。

いずれにしても批判されるのですから、そわそわせずに、自分が信じることを述べるほうが得策です。

## あれこれ言われてもそわそわしないコツ

アメリカの思想家で、多くの本を書いた人物に、デール・カーネギー（19～20世紀）がいます。

彼は、人間関係学の思想家としても知られています。

カーネギーは、

「どんな愚者でも批判し、非難し、文句を言うことはできる。多くの愚者は、人の批判ばかりしている（意訳）」

と述べました。

この言葉は、言い換えれば、「批判がいつも正しく、的を射ているとは限らない」

ということを意味していると思います。

むしろ、「批判は、単に『愚かな人の意見』である場合も多い」ということなのです。

人は、誰かに批判的なことを言われると、動揺します。

往々にして、「自分の言っていることは間違っているのだろうか」という気持ちになってきます。

しかし、「間違っている」のは、批判をしている当人かもしれないのです。

従って、自分の意見に自信を失うことはありません。

それよりも、自分が正しいと思うことを堂々と述べるほうが大切です。

言い換えれば、人から批判されることを気にしてそわそわする必要はありません。

「どんなに批判されようが、正しいことは最後まで正しい」と、自分を信じることが大切だと思います。

そういう信念があれば、そわそわすることもないでしょう。

## 批判よりも創造を

フィンランドの作曲家にシベリウス（19～20世紀）がいます。

彼が興味深いことを述べています。

「人を批判する人の言葉を気にする必要はない。人を批判する人を称賛して銅像が建てられた例など、これまで一度もない」

街を歩いていると、色々な場所に、偉人の銅像が建っているのを見ることがあります。

すぐれた創作活動をした芸術家、画期的な発見をした科学者、独創的な経済活動をした実業家などのものです。

あるいは、世界の人たちに希望を与えた政治家です。

シベリウスがこの言葉で指摘するように、人を批判するだけで銅像になった人物はいないのではないでしょうか。

言い換えれば、この世で、本当の意味で偉大なことを成し遂げ、多くの人たちから称賛されるのは「創造的なことをした人」です。

決して「人を批判した人」ではありません。

従って、自分が「私は創造的な意見を述べている。独創的なことをしている」という自信があれば、人から批判されることなど気にすることはありません。そわそわすることはないのです。

最終的に称賛されるのは、創造的な意見を述べ、独創的なことをする人だからです。ですから、批判を気にする人は、もっと自分に自信を持っていいのです。

ちなみにシベリウスも、作曲を批判されることもあったようです。

しかし、批判した人の銅像は建っていません。

一方で、創造的、独創的な仕事をしたシベリウスの銅像は、生まれ故郷であるフィンランドに建っているのです。

# 第6章

# もし焦っても、こう考えれば大丈夫

## 焦らずおおらかな気持ちでいる

気持ちがそわそわと落ち着かなくなる原因の一つに、「焦燥感《しょうそうかん》」があります。

「焦燥感」とは、「自分の思い通りにならないことに、欲求不満を感じる」ということです。

いわゆる「焦《あせ》る」という心理状態です。

たとえば、ある女性が、ある男性とつきあっているとします。

結婚したいと願っていますが、なかなかプロポーズしてくれないのです。

思い通りにならないことにイライラしてきます。

また、「他に好きな人がいるのではないか。私のことを、それほど好きではないのかもしれない」と悪い想像をするようになり、そわそわと落ち着かなくなってくるのです。

そして、そのために関係がギクシャクしてくる、ということもあるのです。

そうならないために大切なのは、まずは「焦らない」ということです。

「おおらかな気持ちでいる」ということです。

むやみに焦るよりも、おおらかな気持ちで事に臨むほうが、ずっとうまくいく可能性が高いのです。

おおらかな気持ちを心がけることで、イライラ、そわそわといった感情も消えていくからです。

もちろん思いを相手に伝えることも大切でしょう。

しかし、その際も、焦って強い調子で訴えるのではなく、おおらかな気持ちで自分の気持ちを伝えるほうがうまくいくと思います。

## 自然の流れに任せるとうまくいく

「焦燥感」の「焦」という字には「焦《こ》げる」という意味があります。

「火に焼かれて焦げる」の「焦げる」です。

また、「燥」には、「火に焼かれる」という意味があります。つまり「焦燥感」を覚えている時、人は「心を焼かれて、焦がされているような心境になっている」ということなのです。

これも、もちろん、良い精神状態ではありません。

イライラ、そわそわを抑えられなくなって、自分で自分を苦しめるようなものです。

「焦ってはいけない」という意味は、そこにもあります。

では、どうすれば、この「焦燥感」を避けられるかと言えば、その方法の一つに「自然の流れに任せる」という心構えを持つ、ということが挙げられます。

禅には「自然の流れに任せる」という考え方があります。

人は「自然の流れ」に乗って生きています。

それは「運命」という言葉に言い換えられるかもしれません。

その自然の流れに無理に逆らおうと思っても、うまくはいきません。

無理に逆らおうとすれば「思った通りに物事は運ばない」という事態に直面することになります。

そうなると、それこそ「焦燥感」が一層増していくばかりなのです。

従って、自然の流れに身を任せて生きていくほうが楽だと思います。

これは「自然体で生きる」ということでもあるのです。

自然体で、自然の流れに身を任せる、ということを心がけることで、精神的に楽になります。

その結果、イライラ、そわそわも消えていきます。

## 今日という日を全力で生きる

「昇進したい」という夢を持つのは良いことです。充実した人生につながるからです。生きる情熱になるからです。

しかし、一方で、「早く昇進したい」と焦るのは良くありません。「早く」と焦ると、精神的に乱れが生じて、かえってうまくいかなくなる場合があるからです。

ある会社で働く男性は、かつて、「早く昇進したい」という焦りから、気持ちのそわそわ感が止まらなくなった、という経験がありました。

彼が、なぜ焦りを感じたかと言えば、「思い通りに昇進できなかった」という現状があったからです。

彼自身は「私は能力もあるし実績も上げている。だから、もっと早く昇進できるはずだ」という思いが強くありました。

しかし、思っていたようにトントン拍子で昇進していくことはできませんでした。

そのために「こんなはずじゃない」と、焦りを感じるようになったのです。

それと同時に、「会社や上司は自分のことを、どう評価しているのか」ということが気になって、そわそわしました。

そして、仕事への集中力も失っていきました。

「これではいけない」と感じた彼は、「早く昇進したい」という思いを少しセーブして、「とにかく今日という日を全力で生きる」ということに徹するように心がけました。

その結果、焦りが消え、仕事への集中力も戻ってきたのです。

自分の昇進のスピードに焦りを感じ、そわそわしているという人は、「今日を全力で生きる」ということを心がけるといいと思います。

## 「牛のように図々しく進んで行く」

明治から大正時代にかけて活躍した文豪に、夏目漱石《なつめそうせき》(19〜20世紀)がいます。

漱石が、当時小説家としてデビューしたばかりの芥川龍之介《あくたがわりゅうのすけ》(19〜20世紀)にあてて送った手紙があります。

その手紙の一節に、次のような文章があります。

「焦ってはいけません。ただ、牛のように図々しく進んで行くことが大事です」

当時、芥川龍之介は非常に才能のある青年で、注目も集めていました。

また、芥川自身、「小説家として早く成功したい」という思いも強くありました。

しかし、漱石は「焦りがある」と感じ取っていたようです。

いくら才能があるといっても、まだ十分な小説家としての実力は備わっていませんでした。

そんな芥川が「早く成功したい」というそわそわした気持ちから焦って小説を書いても、かえってダメになると漱石は考えたのでしょう。

そこで「焦ってはいけません」と教え諭《さと》したのです。

「牛のように図々しく進んで行く」は、「焦ることなく、ゆっくりと着実に実力を養っていく」という意味に理解できます。

そのようにして焦ることなく、そわそわと浮き足だった気持ちになるのではなく、地に足をつけて着実に実力をつけていってこそ傑作を残せる、と伝えたかったのでしょう。

すぐに成功することよりも、まず大切なのは、成功者と呼ばれるに値する実力を養う、ということなのです。

## 自分の実力をしっかり見極める

「やせ馬の道急ぎ《みちいそぎ》」ということわざがあります。

「やせ馬」とは、「実力がまだ備わっていない人」のことを意味しています。また、「道急ぎ」とは、『早く成功したい』という思いから、焦って行動する」ということを意味しています。

体力のない、やせた馬が焦って道を急いで駆けていけば、途中でへたばってしまいます。

「実力がまだ十分に備わっていない人が『早く成功したい』と、焦って先を急げば、途中で挫折することになりかねない」ということを指摘しています。

言い換えれば、自分の実力に合わせて、着実に成功へと近づいていくほうがうまくいくのです。

そのためには、まずは、自分の今の実力がどの程度のものなのか、しっかりと見極める必要があります。

実は、これが簡単なようで、意外と難しいのです。

人には「うぬぼれ」という心理があって、つい実力以上に自分を高く見積もってしまう傾向があるからです。

そんな「うぬぼれた人」に限って、「早く成功したい」というそわそわ感を抑えられずに、焦って実力が伴わない行動を取ってしまうのでしょう。

自分の実力がどの程度かを、謙虚な気持ちで考えてみる必要があります。

実力に合わせた生き方ができる人は、そわそわしません。

## 理想を抱きながら「地に足をつけた生き方」をする

アメリカの大統領だった人物に、セオドア・ルーズベルト（19～20世紀）がいます。

彼は、

「足を地につける。目は星に向ける」

と述べました。

「目は星に向ける」は、「理想を掲げて生きる」を意味しています。

「理想を持つ」というのは、人間の生き方として大切だと思います。

理想があるからこそ、生きがいや働きがいを持てます。

また高貴な理想があるからこそ、立派な人間へと成長していけます。

一方でルーズベルトは、「足を地につける」とも言っています。

言い換えれば、「『早く理想に近づきたい』と浮足立つのではなく、まずは『地に足をつけた生き方』をするのが大切だ」ということです。

「地に足をつけた生き方をする」とは、

「自分の現在の能力に合わせて、着実に実力を養っていく」

「少しずつ確実に理想に向かって進んでいく」

ということを意味しています。

ルーズベルトは、また別の言葉で、

「今あるもので、今いる場所で、自分のできることをしていくのが大切だ」

とも述べています。

「今、自分ができること」に全力を注ぎながら、着実に理想へ向かって進んでいくことが大切、ということを指摘しています。

理想を抱きながらも、着実な生き方を心がけることが重要です。

## 自分の実力を信じる力を持つ

世の中には、様々な矛盾したことがあります。

たとえば、「才能や実力があるのに、なかなか昇進できない」ということがあります。

当然、焦りを感じます。

そわそわと落ち着かなくもなるでしょう。

しかし、そのような状況であっても、「焦らず、慌てず、落ち着いて生きていく」ほうが良いのです。

落語家として活躍した人物に、立川談志《たてかわだんし》がいます。

談志が若手だった頃の話です。

彼は若い頃から才能と実力に恵まれていました。

ところが、ライバルが先にどんどん昇進していきました。

「なぜ自分だけ昇進できないんだ。彼ら以上に才能も実力もあるというのに。自分は、このまま埋《うず》もれたまま終わるのだろうか」と思うと、どうにも落ち着かなくなりました。

そんな時、当時の師匠だった、五代目柳家小さんに、

「気にするな。実力のある者が最後に勝つ」

と言われ、気持ちが落ち着いたと言います。

自分の実力を自分で信じる力があれば、落ち着いた心でいられます。

## 焦らず続けるうちにギャップが小さくなる

「焦り」がどこから生まれてくるのかと言えば、一つの要因は「こうあってほしい」という願いと、「状況が違う」というギャップであると思います。


たとえば、「高く評価されたい」という願いがあるとします。

しかし、現実的には、「期待通りの評価が得られない」のです。

このようなギャップがある時、人は「いつになったら私は高く評価されるんだろう？」という焦りを感じ始めます。

その焦りから、そわそわして、やるべきことに集中できなくなってくるのです。

このような時には、「無心になって、やるべきことを淡々とこなしていくように心がける」ことが大切だと思います。

「無心になる」とは、「心を無くす」ということではありません。

「余計なことは考えない」ということです。

ひとまず自分の「願い」については横に置いて、考えないようにします。

今自分が置かれている「現実」についても、考えるのをやめます。

そうすることによって、心の中にそわそわやイライラといったネガティブな感情が入り込んでこないようにします。

そうやって無心となって、やるべきことをこなしていきます。

努力を続けていくうちに、「願いと現実」のギャップはだんだんと縮まっていきます。

自分では気づかないうちに、現実が近づいていくのです。

落ち着かない気持ちでいる限り、このような「無心の努力」を続けていくのは難しいのです。

## 花のように無心になる

長年、高校の教員を勤めながら、ユニークな詩を書き発表してきた人物に、坂村《さかむら》真民《しんみん》がいます。
彼の詩は背景に仏教思想があるとも言われています。次のようなものがあります。

咲くも無心、
散るも無心、
花は嘆かず、
今を生きる

「花」のようにして生きていくのが、人間としての理想だと指摘しているのです。

花は、「もっときれいな花を咲かせたかったのに」と、嘆くことはありません。

散る時に、「もっと長く咲いていたかったのに」と、嘆くこともしません。

ただ「無心になって、今という時間を一生懸命に生きている」だけなのです。


人間も、そんな「花」のように、無心になって生きていくことができれば、「願い」と「現実」のギャップに悩むことはありません。

また、「早く願いを実現したい」と、焦ることもありません。

「いつになったら願いが実現できるのか」と不安になって、落ち着かなくなることもないのです。


「花」のように「嘆かない」「無心になる」「今を生きる」ということを念頭に置きながら、日々の生活を送っていくことが大切です。

それが、「そわそわしない」という練習にもなると思います。

## 「フロー」を上手に作り出す

心理学に「フロー」という言葉があります。

「集中力がとても高まった心理状態」を指す言葉です。

「フロー」には「流れ」という意味がありますが、いわば「流れに乗って物事がスイスイと効率的に進む状態」とも言えます。

ところで、この「フロー状態」にある時、人は無心の状態になっていると言われています。

「集中して仕事に打ち込んでいたら、夕方になっていた」

「趣味に夢中になっていたら、二時間過ぎていた」

このような心理状態が「フロー」です。

無心になって集中しているために「今何時か」「どのくらい時間が経ったか」という感覚もなくなっているのです。

そして、精神的にとても落ち着いた状態になっています。

そわそわやイライラといった感情もありません。

「早くしないといけない」「うまくやらないと大変なことになる」といった、焦りもありません。

つまり、無心になって目の前のことに集中している、という状態なのです。

言い換えれば、日常生活の中で、このような「フロー状態」を上手に作り出していくことが、日々の生活を充実したものにするコツです。

では、どのようにして「フロー状態」を作り出すことができるかと言えば、第一に「リラックスすること」です。

焦った状態で、そわそわとした気持ちで物事を始めても「フロー状態」と呼ばれる強い集中力は生まれないのです。

## 仕事を始める前に「リラックス時間」を取る

仕事を始める前に、お茶を一杯飲む、という人がいます。リラックスする方法の一つなのでしょう。

何かを始める前に、「まずはリラックスする」というのは、とても良いことです。リラックスしてから物事を始めることで集中力が増し、心理学で言う「フロー状態」に入りやすいのです。

ところが、これから何か始めようという時に、「早く成果を出したい」という焦りがあると、高い集中力は発揮できなくなります。

また、「自分の努力をちゃんと認めてもらえるだろうか」ということが気にかかって、そわそわして落ち着かない状態で始めても、やはり高い集中力は発揮できなくなります。

ですから、何かを始める前は「早く成果を出したい」とか、「ちゃんと認めてもらえるだろうか」といった雑念はすべて取り払って、リラックスした状態になるほうが良いのです。

「お茶を飲む」以外にも、たとえば、「軽いストレッチをする」といった方法もあります。

ある人は、しばらくの間、観葉植物を眺めると言います。

サボテンを眺めているうちに雑念が取り払われてリラックスできると言います。

そのおかげで集中力も増すそうです。

そういう意味からも、自分なりのリラックス法を作って、何かを始める前に試してもいいと思います。

第7章

# 「人と比べる」がなくなる心の持ち方

## 「今の幸せを実感できない」理由

気持ちが落ち着かなくなる原因の一つに、「他人を羨《うらや》む」という心理があります。

たとえば、ある女性には、次のような経験がありました。

彼女には、仲のいい友人（女性）がいました。

その友人が、彼女よりも先に幸せな結婚をしたのです。

とても羨ましく思いました。

「私も早く結婚したい。早く幸せになりたい」と、気持ちが騒ぐようになってしまいました。

彼女のほうが美人なのに、恋人もいませんでした。そんな自分がミジメに思えてきたのです。

「私は結婚できず、独身のまま一生すごすことになるのでは？」という不安と焦りから、ますます気持ちがそわそわとしてきました。

そして、そのために幸せな気持ちで暮らせなくなった、と言うのです。

むやみに他人を羨むと、気持ちがそわそわしてきて、日頃の生活の中にある幸せを実感できなくなってしまう、ということがよくあります。

友人が幸せな結婚をしたなら、素直に祝福し、自分は「日々の幸せ」を大切に守っていくよう心がければ良いのです。

幸せな気持ちで生活していれば、その人には「幸せ感」が漂うように、自然になっていきます。

そうすれば、その「幸せ感」に魅力を感じて、きっと、運命の人が引き寄せられてくると思います。

## 他人を羨《うらや》むと「醜《みにく》い姿」になっていく

「羨む」の「羨」という文字は、「羊《ひつじ》」の下に「氵」と「欠」を書きます。

次のような語源があると言われています。

この文字が作られたのは古代中国ですが、当時の中国では「羊」が大変なご馳走《ちそう》でした。

「羨」という文字の「羊」は、「羊の肉を料理したご馳走」を表しています。

また、その下にある「欠」は「人の口」を表しています。

そして、「氵」は「水」を意味し、ここでは「人の口から流れ落ちるヨダレ」を表しています。

つまり「羨」という文字は、「羊の肉を料理したご馳走を見て、『私も食べたい』

と羨み、口からヨダレを流している人の姿」を表しているのです。

このように「ヨダレを流している人の姿」を想像した時、人はどう思うでしょうか？

「醜い」と思うのではないでしょうか。

つまり「羨」という文字は、言い換えれば、「人の醜い姿」を暗示しているわけです。

他人を羨み、そわそわと落ち着かない人の姿とは「醜い」ものなのです。

さらに言えば、「自分自身がそんな醜い姿になりたくなかったら、他人を羨まないほうがいい」ということを、この文字は教えてくれているのです。

古代の人たちは、文字の中に色々な意味を込めていました。

この文字も、生き方についての深い意味が込められたものの一つなのです。

## 人を気にするよりも「自分のこと」を考える

「嫉妬心が強い」というタイプの人がいます。

「他人と自分とを見比べて、他人を羨み、妬《ねた》みを抱きやすい」という人です。

このタイプは、気持ちが落ち着くことがありません。

「他人が気になる」からです。

他人の社会的な地位、仕事がうまくいっているか、収入はどのくらいか、プライベートはうまくいっているのか、などです。

自分と比較して、始終そわそわしているのです。

ここで注意しなければならないのは、他人のことばかり気にしている一方で、「自分のこと」が疎《おろそ》かになっていないだろうかということです。

「自分が人間的にもっと成長するには、どうすればいいか」
「自分の夢は何なのか。その夢を達成するにはどうすればいいか」
と「自分のこと」について真剣に考える時間をちゃんと取れているだろうか、という点なのです。

自分の人生にとってもっとも重要なのは、言うまでもなく「自分のこと」です。「他人がどうか」ではありません。

しかし、嫉妬心が強いと、往々にして「他人のこと」ばかり気にしてそわそわし、肝心の「自分のこと」が疎かになります。

従って、意識の方向性を「他人のこと」から「自分のこと」へと移していくように心がけるのが良いと思います。

自分のことを真剣に考える時間を増やしていけば、自然と、他人のことを気にしてそわそわすることもなくなります。

## 嫉妬《しっと》とは「自分自身を苦しめること」である

ギリシャの哲学者にデモクリトス（紀元前5～4世紀）がいました。

彼は、

「嫉妬深い人は、自分自身を敵のように苦しめる」

と述べました。

嫉妬深い人は、他人と自分とを見比べて、他人を羨む傾向が強いのです。

「他人を羨む」ということは、言い換えれば、「自分自身のダメなところを強く意識する」ということでもあるのです。

たとえば、友人にとても社交的で、みんなから好かれている人がいたとします。

嫉妬深い人は羨みます。

この際、「誰かを羨む」「他人に嫉妬する」ということは、それだけ自分に「私は社交的な人間ではない」「私は人づきあいが苦手だ」「私は、多くの人たちから好かれているわけではない」という劣等感があるからなのでしょう。

自分に劣等感があるから、嫉妬するのです。

嫉妬は、自分自身の劣等感をより強く意識することにつながりやすいのです。

社交的な友人に嫉妬すればするほど、「社交的ではない自分」を強く意識することになります。

そして、そのために苦しみ、辛い思いをすることになるのです。

デモクリトスの、「嫉妬深い人は、自分自身を敵のように苦しめる」は、「劣等感がより強く意識される」という意味です。

劣等感が強まれば、気持ちが落ち着かなくなる、ということにもなりやすいのです。

人を羨んだり、他人に深い嫉妬心を抱くのはやめたほうが得策です。

## 劣等感を前向きな気持ちに変えていく

自分の性格に劣等感を持っている人がいます。

そういうタイプの人は、往々にして、その「劣っている」と自分が感じているものを、周りの人たちから気づかれないように隠したがるものです。

しかし、それが原因で、「気持ちのそわそわが止まらない」という事態にもなりかねないのです。

たとえば、「職場の同僚はみんな一流大学を出ているのに、自分一人だけ無名の大学」ということに劣等感を抱いている人がいたとします。

この人はきっと、周りの人たちに対して「自分はどういう大学を出たか」ということを隠したがるでしょう。

周りの人たちが卒業した大学の話をしていても、その話に加わろうとはしないと思います。

そして、一方で、「学歴が低いことでバカにされないだろうか」「一流大学を出ていないことで、不当な扱いをされないだろうか」と不安になることがよくあるのです。

このようなそわそわ感をなくすためには「発想の転換」が必要です。

たとえば、「確かに私は学歴が低いかもしれない。しかしそれだけ、優秀な大学を出た人には負けない斬新な発想ができる。バイタリティあふれる行動力がある」といったように、前向きな発想をするよう心がけるのです。

そうすることによって劣等感が消えていきます。

それにともなって、落ち着いた気持ちで仕事に取り組めるようになります。

## 羨むより「今の幸せ」を探す

他人を羨む背景には、「私も、あんな人になりたい」という思いが隠れているものです。

たとえば、知り合いに、自分で事業を始めて成功し、お金持ちになった人がいたとします。

そんな知り合いを羨ましく思う時、その人の心には「私もあの人のように成功したい」という思いがあると思います。

しかしここで難しいのは、「ああいう人になりたい」と思っても、現実的にはそう簡単にはなれない、ということです。

「知り合いのように成功したい」と思ったところで、そう簡単に成功できるわけではありません。

こうなると「そうなりたい自分」と「そうなれない自分」との間に大きなギャップが生まれることになります。

そして、そのギャップが「私はダメな人間だ」という自己嫌悪につながり、「気持ちが落ち着かない」という状態を作り出す原因にもなってしまいます。

そうならないために大切なのは、一つには「むやみに他人を羨まない」ということです。

もう一つには、「今の自分の現状の中で幸せを見つけていく」ことを心がけることです。

現在の自分の収入の中でも、十分に幸せに暮らしていく方法はたくさんあると思います。

「自分ならではの幸せ」を見つけ出す努力をしてみるのです。

「今が幸せ」と実感できるようになれば、他人を羨むこともなくなります。

## 嫉妬がもたらす「痛い思い」とは

イソップ物語に『カメとワシ』という話があります。

一匹のカメがいました。
いつもワシを羨ましいと思っていました。
大空を悠々と飛ぶことができるからです。
「自分も空を飛びたい」と、そわそわしてきて落ち着かなくなってしまうのです。
ある日、一羽のワシに、
「私も、あなたのように飛んでみたい」
と訴えました。
ワシは、

「それは無理です。カメは飛べません」

と答えました。

しかしあきらめずに、

「どうしても、あなたのように飛びたいのです」

と願いました。

すると、そのワシは「しょうがないですね」と、カメの甲羅《こうら》を足でつかむと、空へ飛び上がりました。

そして、「この辺でいいですか」と、足を甲羅から離しました。

カメは真っ逆さまに落下して、地上に打ちつけられ、大ケガをしました。

子供向けの話ですが、「むやみに他人を羨んでいると、痛い思いをする」という教訓は、大人にも立派に通用すると言えそうです。

## 「誇れるもの」がある人は、そわそわしない

イギリスの哲学者にフランシス・ベーコン（16〜17世紀）がいます。

彼は、

「嫉妬は常に他人との比較から生じる。比較のないところには、嫉妬もない」

と指摘しました。

確かに、他人と比較しなければ「嫉妬」は生じないのかもしれません。気持ちが落ち着かなくなることもないでしょう。

ですから、むやみに他人と比較しないほうがいいのです。

とはいえ、「ついつい人と自分とを見比べてしまう。そして、他人を羨むことも

よくある」という人も少なくはないと思います。

「比べてはいけない」と言っても、それを実践していくのは、なかなか難しい面もあるようです。

そのような人にとって大切なのは、「自分が誇れるものを持つ」ということだと思います。

何か一つでも「誇れるもの」を持つことが大切です。

この「誇れるもの」があれば、誰かと自分とを比較して思うところがあっても、強い嫉妬心や妬《ねた》みを抱くことはありません。

「あの人が羨ましい」という思いから、気持ちが落ち着かなくなるということもないのです。

「あの人と比べて、私には劣っている部分があるが、私にはあの人が持っていない『誇れるもの』がある。だから、その『誇れるもの』を大切にしていこう」と、上手に割り切って考えることができます。

落ち着いた気持ちで暮らしていけるのです。

## いつも落ち着いている人の共通点

自分に何か「誇れるもの」がある人は、落ち着いた気持ちで暮らしていくことができます。

自分に何か劣等感があるとしても、その劣等感に振り回されて、そわそわと落ち着かなくなる、ということはありません。

将棋の世界で活躍している男性がいます。

子供の頃から「自分はイケメンではない」ということに劣等感を抱いていたと言います。

そして、容姿がいい人と自分を見比べて、「羨ましい」という思いにとらわれることもあったようです。

そんな彼には得意なことがありました。「将棋《しょうぎ》が強い」ということです。それは彼にとって「誇れるもの」でした。

努力し腕前を上げていくと、様々なアマチュアの競技大会で活躍し、プロの棋士《きし》になりました。それに伴って「イケメンではない」ということも気にかからなくなっていきました。

その結果、他人と自分を見比べて、気持ちがそわそわしてくることもなくなった、と言うのです。

「誇れるもの」がある人は、嫉妬心からそわそわと気持ちが乱れるということはありません。

そういう意味で、何でもいいですから、自分なりに「誇れるもの」を持つことが重要です。

たとえば、「私は字を上手に書ける」とか「私は人を笑わせることが得意だ」といったように、何でもいいのです。

## 羨ましい相手に感謝する効果

羨ましく思う相手がいたとします。

そうするとそれだけで、相手のことが気にかかって、そわそわと落ち着かなくなります。

このそわそわ感は、ともすると、「妬《ねた》み」に変わりやすいのです。


Aさんという女性がいます。

彼女は女優として成功することを夢見て、ある劇団に所属して成功のチャンスをつかむために努力していました。

その劇団には、やはり女優を目指しているBさんという女性がいました。

Aさんは、Bさんと仲がよく、普段から励ましあう関係でもありました。

ところが、Bさんのほうが先にチャンスをつかみました。テレビドラマの出演者として抜擢されたのです。Aさんは羨み、それは「妬み」に変わっていきました。Bさんがチャンスをつかんだことを素直に喜ぶことができなかったのです。自己嫌悪を感じました。

こうならないためにとても大切なのは、「羨望を感謝に変える」ということだと思います。

「Bさんがチャンスを得たことは、私にも大いに励みになった。自分に励みを与えてくれたことを感謝しよう」と考えることもできたはずです。

そして、無理矢理にでもそのように相手に感謝することができれば、「妬み」は生じなかったことでしょう。

## 「ありがとう」で妬《ねた》みが消える

「仲のいい人が、自分よりも先に幸福になっていく」ということがあります。

自分よりも先に幸せな結婚をするとか、先に昇進するといったことです。

本来であれば、仲のいい相手にそのような喜ばしい出来事があることは、自分自身にとってもうれしいことであるはずです。

しかし、そこに羨望、嫉妬が割り込んでくると、気持ちが騒ぐばかりで、一緒になって素直に喜んであげることができなくなります。

それは非常に残念なことです。

一緒になって喜んでこそ、これからも良い関係を持続していくことができるからです。

では、どうすればいいかと言えば、前にもふれた「羨望を感謝に変える」ということなのです。

たとえば、

「あなたが幸せな結婚をできたことは、私にとって大きな希望になった。ありがとう」

「君の昇進が、私に良い刺激になった。『僕ももっとがんばらないといけない』という気持ちになれた。ありがとう」

といったように「相手に感謝する」のです。

相手を羨むのではなく、「ありがとう」という気持ちを持つのです。

感謝することで、「これからの人生を前向きに生きていこう」という意欲が高まっていきます。

それは、将来的に自分自身にとって得になることです。

# 第8章 忙しくても落ち着いていられる習慣

## 慌《あわ》ただしい時代だからこそ心に余裕を持つ

そわそわすることなく、落ち着いた気持ちで暮らしていくには、どうすればいいのでしょうか？

そのコツの一つは、「心に余裕を持つ」ということだと思います。

心に余裕があると、今よりもずっと楽に生きていけます。

安らかで、落ち着いた気持ちで暮らしていくことができます。

気持ちがそわそわと浮足立ってくることもないのです。

「心に余裕を持つ」とは、具体的に言えば、たとえば次のようなことです。

- 自分の能力以上に、たくさんのことを背負い込まない。
- 「できないこと」まで、やろうとしない。

・段取りを整え、時間的な余裕を持つ。
・自分で自分にあまり強いプレッシャーをかけない。
・自然体で暮らしていくように心がける。
・他人の責任まで背負い込まない。
・「早く」よりも「ゆっくり、少しずつ」を心がける。
・「ゆったりとリラックスした姿勢」を取る。
・一つひとつのことを、ていねいにこなしていく。

現代は、何事も慌ただしく過ぎ去っていく時代です。

誰もが多忙な生活を送っています。

このような環境の中で「心に余裕を持つ」というのは必ずしも簡単なことではありません。しかし、日々の生活の中で、ここに掲げたようなことを実践していくことで、余裕のある生活ができると思います。

## 「自分の限界」を知っておく

「できる人には、多くの仕事が集まってくる」と、よく言われます。

頼む側とすれば、「ちゃんとやってくれるだろう」という安心感があります。

また、「いい仕事をしてくれるに違いない」という期待感もあります。

多くの人たちから仕事を依頼されるのは、「頼りにされている」「期待されている」証ですから、うれしいことだと思います。

しかし、「うれしい」という思いから、つい自分の能力を超えて仕事を引き受けてしまうこともありがちです。

いくらできる人であっても、生身の人間ですから、限界というものが自ずとあるのです。

その限界を超えて引き受けてしまうと、「締め切りまでに、すべてできるだろうか」という不安から、落ち着かなくなります。

集中力がなくなって仕事の効率が落ちます。

そうすれば仕事が遅れて、一層そわそわしてくることにもなります。

そうならないために大切なのは、やはり自分の能力の限界を知っておくことが重要になってきます。

そして、できれば余裕を持って仕事を受けるようにするのが賢明です。

ある程度の余裕を持つことで、より集中力が増し、より良い仕事もできるからです。

## 「できること」と「できないこと」の境界線を引いておく

日本の政治家として活躍し、総理大臣になった人物に、田中角栄《かくえい》がいます。

角栄がよく口にした言葉が、

「できることはやる。できないことはやらない」

というものです。

「心に余裕を持つ」ということ、ひいては「そわそわしない」という意味で参考になると思います。

この言葉を言い換えると、自分の能力の限界をわきまえておいて、境界線を引いておく、ということです。

そして、「自分の能力でできること」と「できないこと」を整理して分けておく、ということです。

「できること」に関しては、責任を持って全力を尽くします。

しかし、その限界を超えたこと、自分の能力を超えたことは「やらない」と決めておくのです。

そのような約束事を作っておくことで、いつも心に余裕を持って暮らしていくことができます。

「できないこと」まで抱え込んで落ち着かなくなる、という事態も避けられます。

田中角栄は、政治家として能力があり、とてもエネルギッシュな人物でした。

しかし、そんな彼にしても、「自分の能力には限界がある」ということを、しっかりと理解し、「できること」と「できないこと」を、しっかりと区別していたのです。

田中角栄は「そわそわしない人」でもあったと思います。

## 余裕を持てる段取りを考える

「そわそわしない」ための大切なポイントの一つに、「時間的にも、精神的にも余裕を持つ」ということがあります。

余裕がなくなっていくにつれて、人の心は乱れやすくなるからです。

ちょっとしたことが気にかかって落ち着かなくなるのです。

たとえば、友人と待ち合わせをします。

遅れそうになって慌ててしまう場合もあるでしょう。

まさに、「時間的にも、精神的にも余裕がない」という状態です。

そのような時に限って、「忘れ物はないか」「鍵はちゃんと閉めてきただろうか」といったことが気にかかって、落ち着かなくなる時があります。

そのために、いったん家を出ながら、どうしても気にかかって、もう一度家に戻って「忘れ物はないか」「鍵はちゃんと閉めたか」といったことを確認し直すこともあるでしょう。

その結果、結局、約束の時間に遅れてしまったといった経験がある人もいるかもしれません。

このような失敗をしないためには、いつも時間的な余裕を持つように心がけることが大切だと思います。

時間的な余裕があれば、精神的にも余裕を持てます。

そして、いつも時間的な余裕を持つコツとしては、事前に段取りというものを考えて、物事を進めていく時間割を頭の中で描いておくことだと思います。

もちろん、その日の時間割をメモとして書き出しておくことも必要です。

時間割を決めておくだけでも、精神的に余裕が生まれます。

従って、そわそわ感も消えていきます。

## 自分にプレッシャーをかけすぎないコツ

フリーランスのデザイナーをやっている男性がいます。

彼は普段は、そわそわすることなく、落ち着いた気持ちで仕事に取り組んでいます。

しかし、締め切りが近づくと落ち着かなくなって、やらなければならない仕事に集中できなくなることがよくあります。

急いで片づけなければならないのに、ゲームで遊んでしまったり、ボンヤリとテレビを見て時間を無駄に過ごしてしまうことがあると言います。

そのために、仕事が遅れ遅れとなって、「これでは締め切りに間に合わない」と、一層そわそわしてくるのです。

このような悪循環に陥る現象を、心理学では「逃避《とうひ》」と呼んでいます。「締め切りに間に合わせなければならない」という気持ちが強いプレッシャーとなって心にのしかかってきます。

すると人には、「このプレッシャーから逃れたい」という気持ちが自然に働くのです。

そのために、本当はそんな暇はないにもかかわらずゲームで遊ぶということになってしまうのです。

このような「逃避」という現象に陥らないために大切なのは、自分に強いプレッシャーをかけすぎない、ということです。

たとえ締め切りが間近に迫っている状況であっても、普段と変わらない「余裕」を持って仕事に臨むよう心がけます。

この「切羽詰まった状況でも、余裕を持つ」を心がけることで、余計なプレッシャーから逃れられます。

そうすれば、集中して仕事に取り組めます。

## 意気込むより自然体のほうが良い結果が出る

気持ちがそわそわと落ち着かなくなる原因の一つに、「〜ねばならない」という意識に縛られてしまうことが挙げられます。

「尊敬される人間にならなければならない」
「子供にとって、いいママでいなきゃ」
「仕事で絶対に成功しなくては」

といったようにです。

もちろん自分の人生を前向きに考え、理想に向かって努力していくのは大切なことです。

一方で、肩に力を入れて、「絶対に、何が何でも」と意気込みすぎるのは、かえって良くない結果を生み出してしまう可能性が高まります。

「こうありたい自分」と「こうでしかない自分」とのギャップが大きくなって、浮足立ってしまうことになるのです。

ですから、理想を目指すのはいいのですが、あまり「～ねばならない」ということに縛られる必要はありません。

心に余裕を持って、「～になればいいなぁ」「～だと幸せだなぁ」ぐらいに考えておくほうがいいと思います。

そのほうが自然体で、自分が目指す地点へと進んでいくことができます。

「自然体で暮らす」というのは、とても「精神的に楽」ということなのです。

ですから、浮足立ってくることもありません。

言い換えれば、「～ねばならない」という意識を強く持ちすぎると、この「自然体」という生き方から離れ、かなり無理をしてしまうことになるのです。

人生は、意気込んで歩いていくよりも、楽な気持ちでスイスイと進んでいくほうが、目的地に早く到達できるものなのです。

## 他人のことまで「自分の責任」ととらえない

「責任感が強すぎる」というタイプの人がいます。

このタイプの人も、「そわそわしてきて落ち着かなくなる」ということがよくあります。

「自分に与えられた責任を、ちゃんと果たすことができるだろうか」と不安になる、ということもありますが、それだけではないのです。

他人のことに関しても強い責任感を感じてそわそわしてくる、ということがよくあるのです。

たとえば、「部下がノルマを達成できなかったら、上司である私の責任だ。彼は大丈夫だろうか」と気になって落ち着かなくなります。

また、「子供の成績が下がったら親である私の責任だ」と心配して、落ち着かない気持ちになります。

もちろん上司が部下を、親が子供のことを心配して気を揉むのは当然かもしれません。

しかし、自分のことでも他人のことでもそわそわしていたのでは、身も心も持たないでしょう。

ストレスがたまっていく一方です。

指導や教育はしっかりしながらも、部下や子供がどのような結果を出したとしても「本人の問題だ」と割り切って考えてもいいと思います。

そのように割り切ることで、いくらか精神的に余裕が生まれます。

そわそわ感も緩和されると思います。

## 新しい環境でこそ「焦らずゆっくり」が強い

心に余裕を持つのが難しくなる場合があります。

たとえば、「新しい環境に移る」といった経験をする時です。

ある男性は地方の支店から、本社の企画部に転勤になりました。

それは栄転であり、彼にとっては喜ばしい出来事であったのです。

しかし、本社の企画部で働くようになってからというもの、気持ちが落ち着かない状態が続くようになったと言います。

「本社の人たちは私のことを、どう見ているのだろうか?」と気にかかって、そわそわしてくるのです。

「企画部の人たちに早く受け入れてもらいたい」

「この部署で早く実績を出して、仕事ができる人間だと認めてもらいたい」という焦りから、一層そわそわ感が強まってくるのです。

このように「新しい環境に移る」という経験をした時には、周りの人たちの目が気になります。あるいは、「早く受け入れてもらいたい」という焦りから落ち着かなくなる、という人が多いのです。

そのために気持ちに余裕がなくなって、余計な失敗をしたり、思うような活躍ができなくなる、ということもあるようです。

こういうケースで大切なのは、「自然体で臨む」ということです。

栄転などの場合、「がんばるぞ」と意気込んでしまうのはわかりますが、まずは、自然体で仕事に臨むようにします。

「早く受け入れてもらいたい」「早く実績を出したい」と焦る気持ちを少しセーブして、自然体で「少しずつ、ゆっくり、余裕を持って」と、新しい環境になじんでいくように心がけます。

そのほうが落ち着いた気持ちで、新しい環境に入っていけるでしょう。

## 生活習慣を無理に相手に合わせなくていい

「結婚する」とは、言い換えれば、「生活環境を新しいものに変える」ということです。

結婚は喜ばしい出来事に違いありませんが、「生活環境が変わる」ということがストレスになるのも事実です。

そのストレスが原因で落ち着かなくなる、ということもあります。

ある女性にも、結婚当初そのような経験があったのです。

三年ほどつきあってから結婚しました。一つ屋根の下で一緒に生活していくとなると、これまで通りにいかないことも多くありました。

それぞれに生活習慣に違いがあることもわかってきて、相手に合わせるのが意外に大変でした。

そのために、彼の前でどう振る舞えばいいかわからずに、戸惑うことも多く、気持ちの余裕がなくなってしまったのです。

また、「自分の作る料理を、夫は気に入ってくれているだろうか」「私の家事のやり方を、夫はどう思っているだろうか」ということも気にかかります。


確かに、この事例の女性のように、結婚生活をスムーズに始められなくて、気持ちが落ち着かない日々が続く、という経験をする人はいるようです。

こういったケースで大切なのも「自然体を心がける」ということだと思います。

「相手がどう思っているか」ということを必要以上に意識せずに、自然体で生活していくよう心がけます。

生活習慣を無理に相手に合わせる必要もありません。

そのように自然体でいることで、気持ちに余裕が生まれます。

長期的に見て、余裕を持って接していくほうが相手との関係はうまくいきます。

## 「今やるべきこと」だけに集中してやり遂《と》げる

心理学に「多動《たどう》」という言葉があります。

これは、「動きが多い」ということを表しています。

「そわそわして、気持ちが落ち着かない」という人には、この「多動」という現象が表れます。

一つのことに集中できないのです。

たとえば受験生で、歴史の勉強をしていたかと思えば、英語の参考書を引っ張り出して読み始め、かと思えば、手元にあった雑誌を読み始める。

そして、雑誌を置いて、ふたたび勉強を始めたかと思うと、今度はスマートフォンをいじくり出すといったように、一つのことに集中していられずに、いわば「あれをやり、これをやり」といったタイプです。

このようなタイプは、間近に迫った試験のことが気にかかって、そわそわしているのかもしれません。

そのために、心理学でいう「多動」という現象が表れています。

しかし、注意が必要です。

「あれをやり、これをやり」と、ちょこちょこと動き回っていると、余計に気持ちが落ち着かなくなります。

人間の振る舞いと精神というものは、お互いに影響しあっているのです。

そういう意味では、まずはゆったりとした姿勢を取って、しばらくの間、動かずに静かにし、目を閉じて、ゆっくりとした呼吸をします。

それだけでも気持ちに余裕が生まれ、落ち着いてきます。

「ゆったりとリラックスした姿勢」は、その人の精神面に良い影響を与えて、気持ちもリラックスさせてくれるのです。

そして、気持ちが落ち着いてくれば、「今やるべきこと」を一つに絞って、それに集中していくことも可能になります。

## 「一つひとつのことに集中する」禅の教え

禅の教えの一つに、「一つひとつのことをていねいにやっていく」というものがあります。

「そわそわしない」ということに、とても役立つと思います。

「一つひとつのことをていねいに」とは、たとえば、「食事をする時には、食事をすることだけに集中して、『箸《はし》で食べ物を取る』『噛む』『飲み込む』といった動作の一つひとつをていねいにこなしていく」といったことです。

このように一つひとつのことをていねいにしていくことで、心の乱れが整えられ、気持ちが落ち着いていく、と禅は考えるのです。

職場のデスクでサンドウィッチを食べながら、パソコンで仕事をしている人がいます。

口の中に入れた食べ物は、よく噛みもせずに、飲み物と一緒に乱暴に胃の中へと流し込まれます。

それだけ忙しいのはわかりますが、これでは一層気持ちが落ち着かなくなっていくのではないでしょうか。

「これをしながら、あれをする」といったことを繰り返していると、そのために一層心が乱れていく、というのも禅の考え方です。

ですから禅では、食事をする時には食事だけに集中する、ということを勧めます。食事は食事として、美味しいものを食べるということに集中して、十分に楽しむのです。

そして、仕事を始めるのは、しっかり食事が終わってからにするのです。

そのほうが仕事に集中でき、効率もアップして、結果的に早く終わるということも多いのです。

仕事をする時には仕事をする、休む時にはしっかり休むと、メリハリのある生活を送っていくほうが効率的だと思います。

おわりに

「そわそわしない」ために大切なことの一つに、

「楽天的でいる」

ということが挙げられます。

確かに、日常生活を送る中で「心配なこと」「不安に思うこと」がたくさんあるのも事実でしょう。

しかし、そうであっても、

「なんとかなる」

「大丈夫」

「きっと、うまくいく」

と、楽天的な気持ちでいるのです。

何があっても楽天的な気持ちを忘れないことで、いつも落ち着いていられます。

そして、「心配なこと」「不安に思うこと」がある中でも、心穏《おだ》やかに、幸せな気持ちで暮らしていけるのです。

また、「楽天的な人」は、周りの人たちから好かれます。周りの人たちから、「あの人といると、気持ちがホッとしてくる」と思われるからです。

ですから、「楽天的な人」の周りには、たくさんの良い人たちが集まってきます。その結果、良き友人、良き仲間に囲まれながら、楽しく暮らしていけることになるのです。

もしそわそわしてきた時には、自分自身に「心配しない」「なんとかなる」「楽天的にいこう」と、やさしく語りかけてみましょう。

自然に気持ちが落ち着いてくると思います。

植西 聰

青春文庫

そわそわしない練習《れんしゅう》

2021年2月20日　第1刷

著　者　植《うえ》西《にし》　聰《あきら》

発行者　小澤源太郎

責任編集　株式会社プライム涌光

発行所　株式会社青春出版社

〒162-0056　東京都新宿区若松町12-1
電話　03-3203-2850（編集部）
　　　03-3207-1916（営業部）
振替番号　00190-7-98602

印刷／大日本印刷
製本／ナショナル製本

ISBN 978-4-413-09771-0

図説　眠れないほど怖くなる！
## 日本の妖怪図鑑

鬼・河童・天狗・アマビコ・座敷童子・雪女・付喪神…本当は誰の心にも潜んでいる妖怪の魂—もうあなたの心にも芽生えているかもしれない！

志村有弘［監修］

(SE-760)

## 世界一小さい「柱」を知ってますか
あの業界のビックリ用語辞典

医療、法律、警察、スポーツ、建築、音楽、製菓など…さまざまな業界のありえない専門用語に「へえ〜！」連発

日本語研究会［編］

(SE-761)

## 神様は、ぜったい守ってくれる
神様が味方する人、しない人

仕事、お金、恋愛…「いつも運がいい人」は、神様の力を上手に受け取っています。日本人なら知っておきたい、神様との接し方とは？

藤原美津子

(SE-762)

## 語彙力がどんどん身につく語源ノート

〝言葉選び〟に自信のある人は、ルーツから考える。辟易、健啖、桐一葉、隗より始めよ…読むだけで日本語感覚が鋭くなる本。

話題の達人倶楽部［編］

(SE-763)

ほんとうのあなたに出逢う　青春文庫

# 結局、「決める力」がすべてを変える

流される人生から、自分で選択する人生へ

藤由達藏

行動する力が生まれる、スパッと決められる、先延ばしグセがなくなる…ぐずぐずする自分・優柔不断な自分にオサラバする方法

(SE-768)

# 図説　地図とあらすじでわかる！古事記と日本書紀

坂本　勝［監修］

『古事記』と『日本書紀』は何が違うのか、日本人の源流とはいったい何か…なるほど、そういう話だったのか！

(SE-769)

# 謎と疑問にズバリ答える！日本史の新視点

新　晴正

その歴史常識には、裏がある！　大坂の陣の後、海外で活動した日本のサムライ傭兵の謎ほか、目からウロコの推理と読み解き！

(SE-770)

# そわそわしない練習

植西　聰

「ちゃんとやらなきゃ」「嫌われちゃいけない」「SNSだけで時間が過ぎる」…忙しい中でも、焦らず自分らしくいられるヒント

(SE-771)